ÉTUDE

SUR LA

CONDITION LÉGALE DES FEMMES

EN DROIT ROMAIN ET EN DROIT-FRANÇAIS

PAR

RÉNÉ PÉNICAUD

Avocat à la Cour de Paris

Docteur en droit

TOME PREMIER

PARIS

GUSTAVE RETAUX LIBRAIRE ÉDITEUR

15, Rue Cujas, 15.

1868

DU SENATUS CONSULTE VELLEIEN

EN DROIT ROMAIN

ET DE

L'INCAPACITÉ DE LA FEMME MARIÉE

EN DROIT FRANÇAIS.

—

THÈSE POUR LE DOCTORAT

PAR R. PÉNICAUD

Avocat.

L'acte public sur les matières ci-après sera soutenu
le Mercredi 20 Mai 1868, à 1 heure 1/2.

EN PRÉSENCE DE M. L'INSPECTEUR GÉNÉRAL Ch. GIRAUD

PRÉSIDENT : M. RATAUD.

SUFFRAGANTS :
MM. DE VALROGER
DEMANGEAT
} Professeurs.

BEUDANT
LEVEILLÉ
} Agrégés.

PARIS

GUSTAVE RETAUX LIBRAIRE ÉDITEUR

15, Rue Cujas, 15.

1868

ÉTUDE

SUR LA

CONDITION LÉGALE DES FEMMES

EN DROIT ROMAIN ET EN DROIT FRANÇAIS

PAR

RÉNÉ PÉNICAUD

Avocat à la Cour de Paris

Docteur en droit

TOME PREMIER

PARIS

GUSTAVE RETAUX LIBRAIRE ÉDITEUR

15, Rue Cujas, 15.

1868

INTRODUCTION

Chaque progrés de la famille, se lie a un progrés de la société toute entière, et l'histoire démontre de même que
l'observation philosophique, que l'une ne saurait subsister
sans l'autre ; car la famille, est bien véritablement la première condition, aussi bien que la première forme de la société, le premier pas que fait l'homme dans la vie morale et
sans lequel il lui est absolument impossible d'en faire aucun
autre. Essayez en effet, de rompre les liens dont elle est formée, qu'à la place du mariage, qui en est le fondement, il
n'y ait plus que la passion et des rencontres fugitives, que
les parents ne connaisent plus leurs enfants et les enfants
leurs parents, que les doux noms de frères et de sœurs
soient désormais des mots vides de sens ; vous détruisez du
même coup, les sentiments les plus naturels, les plus pro-
fonds et peut-être les plus désintéressés du cœur humain.
De plus vous ôtez nécessairement à l'activité humaine, ses
mobiles les plus ordinaires et les plus puissants, car le travail sur lequel repose le bien être matériel et le bon ordre
moral de toute association humaine, n'a pas d'aiguillon plus
piquant, plus opiniatre, et plus noble en même temps, que,
le désir d'assurer le bonheur de ceux qu'on aime le plus au
monde, et dont on est en quelque sorte la providence ici bas.
Que l'amour de la gloire, de la patrie, de l'humanité ou
quelque sentiment plus élevé encore suffisent aux âmes d'éli-
tes, qu'il soit le mobile ordinaire des grands travaux de la

pensée, de l'imagination, ou des sacrifices de l'héroïsme,
nous l'admettons sans peine ; mais livrés aux plus vulgaires
occupations, la plupart des hommes ont besoin d'être soutenus, excités par des affections plus positives : Il leur faut
l'espérance de laisser à leurs enfants, à leurs proches, les
fruits de leur sueur et les signes matériels de leur dévouement. Il faut que leur ambition puisse s'étendre au delà des
limites de leurs besoins et de leur existence, sans cesser en
quelque sorte d'être personnelle. Quand à l'intérêt proprement dit et aux passions purement égoïstes, c'est vraiment le
comble du délir que de vouloir comme certains poètes, romanciers, publicistes, réformateurs de toutes sortes et fondateurs de religions nouvelles, élever sur de tels fondements,
une société de quelque durée et de quelque valeur. Or, ce
qui constitue essentiellement la famille, c'est le mariage
et l'éducation des enfants ; sans mariage, pas de famille, et
sans famille, comme nous venons de le voir, pas de société.
Mais le mariage tel qu'il doit, tel qu'il peut être, n'est pas
seulement l'union des intérêts et des corps, il est encore
fondé sur un principe bien plus élevé et qui à lui seul peut
en relever la dignité : sur l'union des âmes. Et en effet, au
fond, la nature de l'homme et de la femme est certainement
la même, la même fin est proposée à leur existence toute
entière ; mais ils semblent s'être partagés les moyens d'y
atteindre ; chacun d'eux a été paré des attributs dont l'autre
se voit privé, et l'homme et la femme ne se ressemblent pas
plus par les qualités de leur âme que par leur forme et leurs
qualités extérieures. A l'homme la force et la dignité, le courage actif, les vertus austères, les conceptions d'ensemble
et la puissance de la méditation ; à la femme la douceur et
la grâce, la résignation mêlée d'espérance, les sentiments
tendres qui font le charme de la vie intérieure, la finesse, le
tact et une sorte d'instinct, de sensibilité ou de divination.
De là résulte que, chacun d'eux est pour l'autre un type de

perfection, un idéal venant répandre sur sa vie un jour tout
nouveau, une autre moitié de lui-même et le véritable foyer
de son existence. De là l'amour, qui les rend nécessaire l'un
à l'autre, pour tous les instants et pour tous les éléments de
leur vie, et qui par conséquent n'est pas ce délir de l'imagination et des sens avec lequel il est malheureusement trop
souvent confondu ; mais bien un sentiment réfléchi, servant
de base entre deux âmes qui se touchent par tous les points
et qui par conséquent, avant de se donner l'un à l'autre, ont
pris le temps de s'observer et de se comprendre. Principe,
sans lequel le bonheur de la famille et la dignité du mariage
ne sauraient véritablement exister, et dont la portée est
immense, car il consacre du même coup l'égalité morale de
la femme au sein de la famille. Car si ce sentiment n'est pas
respectif, s'il n'est pas des deux côtés la donation entière de
soi-même, il cesse par là même d'exister ; et l'amour dispa-
raissant dans le mariage, ne laissant plus derrière lui que
l'union des intérêts et des corps, l'égalité morale de la
femme devient par là même bien difficile à soutenir au point
de vue philosophique et elle est en fait, bien gravement
compromise, car il n'y a plus désormais d'autres liens entre
les deux sexes que la volupté, l'instinct ou l'intérêt du plus
fort, et dans chacun de ces cas, la femme rendue à sa faiblesse
naturelle, privée du respect qui l'entoure au sein de la famille, ne sera véritablement, comme dans le monde oriental
et la société payenne, que l'esclave de l'homme et l'instrument servil de ses passions.

Mais si l'égalité morale de la femme au sein de la famille,
repose comme nous venons de le voir sur le principe qui
sert de caractère distinctif à la dignité du mariage, elle ne
nous est pas moins démontrée par cet autre élément de la
famille que nous avons déjà indiqué : l'éducation des enfants.

Et en effet, l'homme et la femme qui s'unissent l'un à

l'autre par les lois de la nature, ne se trouvent pas seulement liés entre eux par des devoirs réciproques, ils en ont aussi de communs avec les enfants qui pourront naître d'eux, et ces obligations, qu'il nous soit permis de le dire ici, constituent véritablement la fin la plus élevée de la famille. L'homme a donc des droits avant même que de naître ; car pourquoi serait-il permis de lui imposer les besoins de la vie et de lui refuser en même temps les moyens de les apaiser pendant que le sommeil de l'enfance engourdit son intelligence et ses forces ? Pourquoi serait-il permis de le jeter en ce monde, abandonné à lui-même, privé d'appui et de culture à l'âge où la nature les réclame, livré à tous les caprices du hazard, à toutes les conséquences de l'ignorance, comme on livre au vent une semence inutile. Appeler à l'existence un être humain, c'est donc, ne l'oublions pas, se charger de son éducation, c'est prendre l'engagement au nom des règles absolues de la justice, d'être sa providence, d'écarter de lui la souffrance et le besoin, de développer en même temps les forces de son corps et celles de son âme, de l'initier enfin à toutes les épreuves, à tous les secrets de la vie, jusqu'à l'heure où n'ayant plus rien à attendre de la nature et prenant en quelque sorte possession de lui même, il ne dépende plus de ses parents que par les liens de la reconnaissance et de l'affection.

Or l'éducation doit être évidemment l'œuvre commune du père et de la mère ; d'abord, parce qu'elle est pour eux un devoir et par conséquent un droit ; de plus, parce que les qualités diverses que la nature a partagées entre eux, sont également nécessaires au développement de l'enfant et doivent autant que possible se rencontrer dans l'homme fait. Ce n'est point trop en effet de faire concourir à cette tâche, l'autorité qui commande et la persuasion qui charme, la fermeté qui exige et la patience qui sait attendre, la raison qui éclaire, qui conseille ou qui blâme et l'amour qui entraîne, qui soutient ou console. Or, de ces deux moyens d'action, les uns sont plus propres à l'homme et les autres à la femme. Sans doute il faut selon le sexe et le caractère de l'enfant, laisser prédominer tantôt ceux-ci, tantôt ceux-là; mais il est toujours nécessaire de les combiner ensemble dans une certaine mesure, et ce n'est qu'à cette condition que les parents se retrouveront tous deux et resteront véritablement unis dans leurs enfants.

Ainsi donc l'éducation des enfants, comme l'amour dans le mariage, s'accordent ensemble pour proclamer l'égalité morale de la femme au sein de la famille et du moment où cette égalité se trouve reconnue, nous devons immédiatement en tirer cette conséquence : qu'il y a de la part des époux vis-à-vis de leurs enfants égalité de droits et devoirs, et qu'il y a de la part des époux vis-à-vis l'un de l'autre, égalité de droits et de devoir de fidélité, de secours et d'assistance. Aussi, n'hésitons nous pas à condamner de toute la force de notre conviction et de notre énergie, cette différence qu'on trouve inscrite au Code pénal, entre la sanction du devoir de fidélité qui est imposé à la femme et la sanction du même devoir qui est imposé à l'homme. C'est une véritable honte pour le législateur de 1810, d'avoir méconnu à ce point les principes les plus élémentaires que la philosophie nous enseigne, que d'avoir osé consacrer dans notre législation une telle injustice. Si la femme est adultère, punissez là comme elle le mérite ! Mais si l'homme aveuglé par la passion qui l'entraîne, vient à oublier les saintes lois du mariage, punissez le lui même d'autant plus sévèrement, qu'il est en définitive, comme nous le verrons tout-à-l'heure, le véritable chef de la famille, et qu'en dehors de toute éducation et de toute instruction, cette responsabilité qui lui incombe comme tel, doit le porter à réfléchir et le rendre plus soucieux de ses devoirs. D'autant plus qu'en écartant du mari une pénalité que vous faites

durement peser sur la femme, vous établissez encore entre
eux cette différence, que vous ne permettez pas au bon cœur
de l'épouse outragée, de pardonner une faute, et réveillant
par là dans le cœur de son époux des sentiments qui ne sont
peut-être que pour un moment assoupis, de ramener ainsi par la
reconnaissance au sein de la famille, une affection qui n'aurait jamais dû l'abandonner. Mais revenons nous-mêmes au
problème de la Société conjugale. Est-ce qu'en voulant ainsi
constituer la famille sur ses véritables bases et en proclamant
ainsi avec la philosophie l'égalité morale de la femme, nous
ne sommes pas nécessairement conduits, par la logique la
plus inflexible, à proclamer aussi son égalité civile et politique et sa complète indépendance ; et par conséquent n'in-
troduisons nous pas au sein de la famille elle-même, un principe d'insubordination, de désordre et d'anarchie qui gran-
dissant peu à peu avec la civilisation, se caractérisant
définitivement après l'accumulation des richesses par l'ex-
travagance du luxe, doit nécessairement entraîner avec la
désorganisation de l'individu celle de la famille elle-même ?
Pas le moins du monde ! Car nous n'avons encore découvert
que l'un des termes de ce mystérieux problème, et il en
reste encore deux autres, l'harmonie et la subordination.
Nous avons vu en effet, que l'égalité morale de la femme
reposait essentiellement sur l'amour ; et que l'amour n'était
en réalité que la réunion de deux âmes cherchant à se com-
pléter l'une et l'autre. Or, dans cette réunion intime, la
femme apporte à l'homme les affections douces et les sentiments tendres, et l'homme lui donne au contraire la raison,
la force, et l'énergie ; et dans cette fusion des existences,
l'élément de raison de force et d'énergie doit évidemment dominer. Donc par là même à côté de l'é-
galité morale de la femme, se trouve proclamé par l'amour,
le principe qui constitue moralement l'homme comme son
véritable chef , et qui assigne véritablement à chacun
d'eux le rôle qu'il est appelé à jouer au sein de la famille.

A l'homme la force et l'énergie, disions-nous tout-à-l'heure! A lui disons nous maintenant, de concentrer sa pensée et de s'élancer vers l'avenir ; à lui de créer et d'inventer ; à la femme d'amasser et de conserver ; à lui, dans le maniement des affaires domestiques, de s'occuper des relations extérieures ; à elle au contraire d'être la souveraine dans les affaires intérieures de la maison. Car nous l'affirmons ici sans crainte d'être démenti par aucun politique, philosophe et véritable penseur, l'émancipation complète de la femme en dehors du rôle que nous lui assignons dans la famille, et d'une somme de liberté convenable, pour qu'elle puisse prendre la part active qui lui revient dans la solution des questions générales qui intéressent l'humanité ; cette émancipation ne ferait qu'entraîner la dissolution de la famille, car ce que la femme gagnerait, non pas en véritable liberté, mais en licence, ferait évidemment perdre à la famille elle-même toute garantie d'ordre et d'indépendance , et l'on mettrait ainsi en question l'avenir de l'humanité toute entière pour lui donner une liberté arbitrairement inventée et plus apparente que réelle. Et d'ailleurs, au point de vue des intérêts purement économiques, qui doivent avoir une si large part dans nos intitutions modernes, n'est-il pas évident, que l'organisation de la famille qui rend l'homme le plus intelligent, le plus laborieux et le plus industrieux ; celle qui est le plus favorable à la production, rend l'échange facile et la consommation convenable ; en un mot celle qui favorise le plus la prospérité générale ; c'est vraiment l'organisation, où la fin de la société domestique est le plus parfaitement obtenue ; où l'unité est la plus cordiale ; où les droits de chacun des membres de la famille sont le mieux définis et reconnus ; où enfin, il existe une hiérarchie d'autorité qui ne vient pas troubler, mais aider la liberté personnelle. Certes à plus d'une femme, sont donnés les plus grands moyens d'exercer une influence sur le sort de l'human té et nons avouons bien haut, ses aptitudes à une tache plus universelle que celle de mère et d'épouse. Mais jamais, il ne sera possible de soutenir, que sa vocation naturelle soit de descendre dans l'arène de la vie et de se mêler aux luttes du jour ; car la vocation naturelle dépend de l'organisation naturelle qui, chez la femme, nous le savons, est plus délicate et plus enfantine que chez l'homme. Donc pour la femme, une tache plus facile et plus simple, sera plus naturelle, et cette tâche se rencontre précisément dans le soin et la direction de la maison. Elle a beau s'occuper des problèmes les plus difficiles et les plus élevés de la vie sociale ; elle reniera toujours l'essence de son être, si elle néglige ce qui a rapport à la famille et aux affaires domestiques ; et quelqu'active que soit sa part dans les luttes de la vie publique et parmi les discussions des hommes, elle n'en doit pas moins être toujours le véritable cœur de la famille, et la gardienne du foyer domestique, sanctuaire au seuil duquel les passions et les dissentions extérieures, doivent toujours venir s'éteindre : C'est à cette condition seule, que la véritable harmonie et la vraie fusion des existences se rencontreront dans le mariage. Mais dira-t-on, comment, vous fondez, sur ce que vous nommez l'union des âmes, une théorie du mariage, et l'amour seul vous sert de base pour assigner à chacun des époux son rôle dans la famille ! Mais prenez donc garde jeune rêveur que le véritable amour est tout ce qu'il y a de plus rare dans la vie pratique ! Etudiez la vie, et vous resterez convaincu qu'on ne se marie la plupart du temps, comme dit Balzac, que par vanité, intérêt ou dépit. Or, dans chacun ces de cas, il n'y a véritablement qu'une satisfaction donnée à un pur calcul de l'égoïsme, accompagné souvent, cela est vrai, d'un sentiment de respect qui peut se traduire en une certaine tendresse ; mais non point cet amour célébré par les romanciers et chanté par les poètes ; sentiment exclusivement désintéressé, passion tantôt aveugle et tantôt sublime ; poétique exaltation de l'âme qui vous enlève en quelque sorte à vous-même, et vous ravit hors de la sphère de votre propre existence, pour vous absorber dans un être devenu l'objet de tous vos désirs, de toutes vos pensées, de toute votre admiration et comme le principe de votre vie. Cherchez donc ailleurs que dans l'amour le véritable fondement de la famille ! Cette objection que nous ne pouvons pas examiner ici dans tous ses détails, mais sur laquelle nous aurons à revenir dans la seconde partie de cette thèse, ne saurait nous arrêter ; car s'il est vrai que les exigences des intérêts purement matériels et une certaine propension des mœurs vers ce qu'on est convenu d'appeler les idées arrêtées et praques, rend nt aujourd'hui de plus en plus rare, le roman des Héloïse et des Béatrix ; il n'en est pas moins vrai, que, l'idéal et la véritable philosophie du mariage, se trouvent précisément dans les principes que nous avons énoncés, et ces principes mêmes doivent trouver leur écho dans une législation bien faite. Car ne l'oublions pas, le mariage ne doit pas seulement reposer sur l'amour, qui à cause de sa nature élevée ne se fait pas connaître à toutes les âmes, et dans celles là même où il a pu naître, finit souvent par ne pas résister à des influences grossières ; il faut nécessairement qu'il repose sur une règle universelle et invariable, et cette règle sera précisément le principe d'obligation et de droit qui suit l'homme également et doit le gouverner dans toutes les situations de la vie. Le mariage sera donc un fait juridique, un contrat (et c'est ici que tous les pricipes que nous avons posés, vont trouver leur application) par lequel deux êtres humains, de sexe différent, mettent en commun pour toute la durée de leur vie, leur âme et leurs corps, leurs volontés et leurs personnes, en un mot toute leur existence. Le mariage, en tant que fait juridique, appartient donc au domaine du législateur, et c'est pourquoi nous-même aujourd'hui, comme jurisconsulte, nous avons du en rechercher la condition première, le caractère essentiel et le véritable fondement dans l'amour.

Mais examinons maintenant quels ont été les progrès suc-
cessifs de la femme au sein de la famille elle-même.

La femme n'a pas eu dès le premier jour cette situation
que nous lui voyons aujourd'hui, et si elle s'est élevée, c'est
par suite des conquêtes successives du droit sur la force, de
l'esprit sur la matière et des besoins de l'âme sur les appétits
du corps. Voyez la, chez l'homme errant; elle n'est pas même
un esclave, c'est un simple instrument, une bête de somme
qui partage avec le bœuf et le chameau les labeurs du
jour. Mais il semble qu'elle ait conscience de son avenir et
qu'elle devine déjà par avance, que son véritable empire est
celui de la beauté et que sa puissance ne se développera
qu'avec ses charmes. Aussi, son premier soin est-il de plaire
et vous la voyez se couvrir les bras, les jambes et le cou de
coquilles nacrées et de colliers de graines aux couleurs écla-
tantes. Enfin chez les peuples pasteurs, la femme entre définitivement dans l'humanité. L'esprit de famille prend naissance, les relations s'adoucissent et la mère s'ennoblit sous la
responsabilité qui lui incombe. Sous l'influence du bien être et
des loisirs qui suspendent alors de temps en temps son éternel
labeur, son pauvre corps courbé par le travail se redresse, ses
formes s'harmonisent, et drapée dans l'étoffe de laine qui remplace pour elle la dépouille hérissée de la bête fauve, ses atti-
tudes deviennent vraiment sculpturales. Elle commence à sou-
rir, et à être belle. Aussi quel changement dans sa destinée! on
l'achète d'abord, puis on la mérite par des épreuves, chaque
civilisation la grandit et c'est à pas de géant qu'elle avance;
on la cherche au loin, on est fier d'elle, on la cache comme
un trésor; Hélène paraît, on l'enlève, vingt peuples coalisés
se la disputent et la femme entre ainsi de plein pied dans
l'histoire. Et cependant dans l'organisation de la famille, la
femme n'est encore, malgré ses conquêtes, que l'esclave de
l'homme. Sans doute le mariage, même avec la poligamie et
la répudiation, est un grand progrès sur la promiscuité bru-

tale et la servitude proprement dite, mais il n'en constitue pas moins pour la femme un asservissement légal et régulier, sauf quelques restrictions en sa faveur ; car lorsque l'homme épouse plusieurs femmes avec la faculté de les répudier, il y a là une inégalité monstrueuse, qui ressemble fort à l'esclavage. L'émancipation est encore lointaine, mais la lutte va sourdement continuer et si l'humanité marche la femme va marcher avec el'e. La civilisation grecque et romaine, bien postérieure comme on sait à la civilisation orientale, commence en effet, pour la femme une toute autre époque, et sa dignité se relève, puisque l'homme ne peut plus épouser qu'une seule femme et au lieu de l'acheter comme autrefois, il ne peut plus l'obtenir que de son consentement et de celui de ses proches. Mais, jugez encore de son inégalité morale au sein de la famille ; tandis qu'en cas d'infidélité elle est punie de mort, le mari peut avoir au contraire dans sa maison, non, par un abus de l'autorité, ou par un effet de la licence des mœurs, mais en vertu d'un droit publiquement reconnu, autant d'esclaves et de concubines qu'il le veut. Maître de sa femme et de ses biens, investi du droit de la condamner à mort, il exerce sur elle le même empire que si la conquête l'avait mise entre ses mains. Le mariage est donc moins une institution morale, ayant pour but de donner à l'homme une compagne digne de lui, qu'une institution purement civile destinée à montrer la séparation entre les hommes libres et les esclaves. Mais peu à peu la condition de la femme se dégage des étreintes législatives qui la contiennent. Des éléments nouveaux, des influences étrangères viennent se produire, pour faire de la famille romaine, unité politique, créée uniquement dans l'intérêt d'une aristocratie jalouse, cette famille naturelle, basée sur les biens de la nature et de l'équité qui est la dernière expression des lois romaines. L'édit du préteur, la philosophie du portique et le christianisme, tels furent les agents de cet immense et salutaire événement. Le christianisme surtout, relève la condition de la femme; considérée dans la Société païenne comme une chose, la femme devient sous l'influence de la doctrine évangélique une véritable personne et le but idéal de toutes les grandes actions et de toutes les productions de l'esprit humain, et la législation vient elle-même s'adoucir au contact de la religion nouvelle, qui s'élève sur les débris de la religion païenne. L'avénement du christianisme, est sans contredit, la plus importante époque de l'histoire du droit. Tous les changements qu'il a produit dans les idées, se sont traduit tôt ou tard dans la législation des peuples; tout se transforme et s'épure au soufle rénovateur. Mais, ce qu'il y a surtout de remarquable dans le christianisme, c'est qu'il proclame l'égalité naturelle des hommes. Il substitue dans les relations sociales, le principe de charité à celui de la force et ne cesse de proclamer le plus grand respect, pour la liberté individuelle et pour tous, les droits résultant de la nature de l'homme. Les civilisations antiques, n'avaient en effet semé partout, que la haine et la défiance; l'étranger et le citoyen, le maître et l'esclave, l'aristocratie et la plèbe, le riche et le pauvre, sont autant d'ennemis acharnés et toujours en présence. La force peut seule maintenir une apparence de paix. Toute institution sociale est le résultat d'une lutte sanglante, et tout équilibre politique, repose essentiellement sur le despotisme du vainqueur et sur l'oppression du vaincu. Mais le christianisme vient élever sa voix sur cet immense champ de bataille. Et immédiatement les peuples se rapprochent; le joug du maître devient plus léger et l'obéissance plus volontaire, Plébéiens et Praticiens se confondent, le prolétaire cesse de méditer la révolte et le riche abjurant enfin sa haineuse défiance, des institutions inconnues au monde antique, s'élèvent dans les villes et les campagnes pour soulager la souffrance.

Mais, c'est surtout dans l'intérêt de la famille, que le génie
de la religion nouvelle, répand ses premiers bienfaits. Avant
lui, l'oppression et la terreur habitent l'enceinte domestique ;
les liens du sang y tiennent peu de place, l'intérêt du faible
est partout sacrifié au caprice du fort et la violence domine
où l'amour seul, nous l'avons vu, doit régner. Le christianisme au contraire, donne aux sentiments une délicatesse,
aux affections un dévouement, inconnus avant lui. Sa voix
parle à tous les hommes, tous les intérêts lui sont chers,
mais les droits du plus faible sont pour lui, plus impérieux
et plus sacrés. Aussi la femme est elle par lui l'objet d'une
réhabilitation plus complète et plus pure. La dignité est rendue à la faiblesse, et le christianisme substitue dans les relations des deux époux, le respect et l'estime des qualités de
l'âme, au seul et unique attrait des sens. Enfin proscri-
vant la Polygamie et le divorce, il remplace définitivement la chaîne qui attache l'esclave à son maître, par les liens
volontaires de deux âmes, qui se rapprochent pour se soutenir mutuellement dans la vie.

Mais il est temps de nous arrêter ici, et il nous suffit pour
le moment de savoir quels ont été les premiers pas de la
femme, dans cette carrière de l'émancipation et de l'égalité
morale ; nous réservant dans la partie critique de cette
thèse, après avoir suivi pas à pas cette émancipation au
milieu de la société aristocratique du moyen-âge, de voir ce
quelle est devenu en définitive et de demander un compte sé-
vère au cœur humain de ses aspirations et de ses tendances.
Peut-être après avoir mis le doigt sur la plaie sociale, reste-
rons nous convaincus, après une étude consciencieuse et im-
partiale, que si les moralistes grondent et si les maris se fâ-
chent aujourd'hui même, les femmes ne sont pas les seules
coupables et n'ont pas précisément tous les torts.

CHAPITRE PREMIER

§ Ier.

Date du Sénatus-consulte. Son texte.

On ne sait pas au juste en quelle année le Senatus-consulte Velléien a été rendu. Ulpien dans la L. 2. § 1er au D. h. t., indique bien que la proposition en fut faite au Sénat par deux consuls nommés : Marcus Silanus et Velléius Tutor ; mais leurs noms ne se trouvent reproduits nulle part dans les fastes con-sulaires, où l'on voit seulement désignés comme consuls de l'an 46 sous Claude : Junius Silanus et Veilleius Rufus. Y-a-t-il eu erreur dans la dénomi-nation du Digeste ou dans celle des fastes ? Sont ce là les consuls désignés par Ulpien ? Et faut-il rappor-ter au règne de Claude et à l'année 46, la date du Senatus-consulte ? nous sommes d'autant plus portés à le croire, que sous Claude on rencontre plusieurs autres dispositions législatives concernant les femmes

Du reste, à défaut de date précise, il nous est facile de démontrer que ce Senatus-consulte a du être nécessairement rendu entre l'avénement de Claude et la mort de Vespasien, espace de temps qui comprend environ quarante années : Claude étant devenu Empereur en l'an 41 et Vespasien étant mort en 79. Et en effet nous voyons d'une part Ulpien déclarer dans la L. 2 que le Senat.-cons. fut rendu postérieurement aux édits de Claude qui défendirent aux femmes d'intercéder pour leurs maris, ce qui prouve bien de la façon la plus péremptoire que ce Senatus-consulte n'est pas antérieur à Claude. D'autre part il n'est point postérieur à Vespasien, car Julien dans la L. 16 § 1ᵉʳ au D. H. T. repousse précisément une interprétation de ce Sénatus-consulte donnée par Gaius Cassius, jurisconsulte qui mourut sous Vespasien, comme le prouve la L. 2. § 47 *de orig. juris* D. I. 2.

Le texte du Sénatus-consulte est rapporté par Ulpien dans la L. 2. § I. D. H. T.

« Quod Marcus Silanus et Velleius Tutor, consules, Verba fecerunt de obligationibus fœminarum, quœ pro aliis reœ fierent, quid de ea re fieri oportet, de ea re ita consuluerunt : quod ad fidejussiones et mutui dationes pro aliis, quibus intercesserint fœminœ pertinet, tametsi ante videtur ita jus dictum esse, ne eo nomine ab is petitio neve in eas actio detur, cum eas virilibus officiis fungi, et ejus generis obligationibus obstringi non sit œquum, arbitrari senatum,

recte atque ordine facturos, ad quos de ea re in jure
aditum erit, si dederint operam ut in ea re senatus
voluntas servatur. »

« Attendu que Marcus Silanus et Velleius Ruffus,
consuls, nous ont soumis concernant les obligations
des femmes qui se constitueraient débitrices pour
d'autres, une proposition réglant ce quil faut décider
à ce sujet, nous y avons ainsi statué par délibération :
En ce qui touche les fidejussions et les emprunts faits
pour d'autres par lesquels les femmes intercéde-
raient, quoique déjà auparavant le droit semble
avoir été fixé en ce sens, que l'on ne donne contre
elles à ce titre ni action réelle ni action personnelle,
puisqu'il n'est pas juste que les femmes remplissent
les charges viriles et soient liées par des obligations
du même genre ; le Sénat estime que ceux devant
qui ou se présentera en justice en pareils cas, agiront
sagement et régulièrement en veillant à ce que la
volonté du Sénat sur ce point soit observée. »

Il faut convenir que le texte de ce Senatus-consulte n'a pas la précision et la clarté qu'on est
habitué à rencontrer dans les dispositions législatives
que nous ont transmises les jurisconsultes romains.
Mais nous en connaissons déjà les motifs et ils res-
sortent, à n'en pas douter des termes mêmes dans
lesquels le Sénat a exprimé sa décision. C'est qu'il a
eu simplement pour but de maintenir et de confirmer une pratique déjà établie et de sanctionner
formellement le système généralement suivi d'après

lequel les femmes étaient frappées de l'incapacité la plus absolue d'intercéder pour autrui. Approuver l'ancien droit, et enjoindre aux magistrats de s'y conformer en toute occasion, voila toute la portée du Senatus-consulte Velléien.

§ II.

Des actes interdits aux femmes par le Senatus-consulte Velleien.

Le Senatus-consulte Velléien a pour objet de défendre aux femmes d'intercéder pour autrui. C'est ce que nous voyons exprimé par Paul dans la L. I° prin-h. t. au Dig. en ces termes : (*Velleiano Senatus-consulto plenissime comprehensum est ne pro ullo feminæ intercederent.*

Nous allons donc étudier successivement : 1° ce que c'est que l'intercession. 2° Quelles sont les principales hypothèses dans lesquelles ollo pout se présenter, 3° En faveur de quels débiteurs elle est défendue, 4° à l'égard de quels créanciers. Enfin nous passerons en revue un certain nombre de cas, qui, au premier abord, paraissent bien devoir constituer des intercessions, mais qui en réalité comme nous le verrons, ne doivent pas tomber sous le coup de la prohibition du Sénatus-consulte Velléien.

§ III.

*Ce que c'est que l'intercession. Conditions
indispensables pour qu'elle existe.*

On entend par intercession tout acte par lequel
une personne traitant avec un créancier, prend sur
elle une obligation étrangère. (Le mot *intercessio*
a dans la langue du droit romain une autre signification. Il exprime alors le pouvoir reconnu à tout
magistrat de s'opposer à l'exécution d'un acte quelconque émanant d'un magistrat de rang égal ou
inférieur. Dans ce sens *intercedere* veut donc dire
interposer un véto).

Telle est la définition qu'on peut donner de l'intercession prise dans son acception la plus générale
et la plus étendue, définition qui peut être ramenée
à ces termes bien simples : Il y a intercession, là
ou il y a une obligation contractée *pro alio*.

Mais, est-ce là ce que le Sénatus-consulte Velléien
a entendu prohiber, et devons nous dire d'une manière absolue, que partout ou il y a de la part d'une
femme obligation contractée *pro alio*, nous nous
trouvons en face d'une intercession qui doit néces-

sairement tomber sous la prohibition du Sénatus-consulte? Ce serait aller trop loin.

Il est facile en effet de reconnaître, en parcourant les différens textes du Digeste et du Code, que la définition que nous venons de donner, ne s'applique que d'une manière imparfaite à l'intercession considérée au point de vue du Sénatus-consulte.

Sans doute, pour qu'il y ait intercession même au point de vue du Sénatus-consulte Velléien., il faut bien que la femme ait contracté une obligation pour autrui, mais la réciproque n'est pas vraie, en ce sens, que partout ou il y aura obligation *pro alio* de la part de la femme, nous ne pourrons pas dire qu'il y ait là une opération tombant nécessairement sous le coup de la prohibition du Sénatus-consulte.

En un mot, outre les éléments généraux qui constituent l'intercession prise dans son acception la plus large, et qui se trouvent nécessairement renfermés dans la définition que nous venons d'en donner, l'intercession considérée au point de vue du Sénatus-consulte Velléien présente des caractères nouveaux, qui lui sont propres, et qui trouvent leur base dans les motifs mêmes du Sénatus-consulte Velléien. On peut la définir : tout acte par lequel une femme agissant dans l'intérêt d'autrui et non dans le sien propre, soit par elle-même, soit par une personne interposée, prend à sa charge en tout ou en partie, l'obligation dont un tiers est tenu ou qu'il est sur le point de contracter.

Désormais, il nous sera facile, à l'aide de cette définition, de reconnaitre les différentes conditions que doit réunir un acte pour contenir une intercession.

§ III.

Principaux cas où il y a intercession,
et où on trouve, par conséquent, l'application
du Sénatus-consulte Velléien.

Nous venons de voir ce qu'il fallait entendre par intercession, et quelle était au juste l'opération prohibée par le Sénatus-consulte; nous allons parcourir maintenant les différens cas dans lesquels elle peut se présenter et étudier les doctrines enseignées par les jurisconsultes sur l'application du Sénatus-consulte Velléien.

Remarquons tout d'abord avec Ulpien L. 2 § 4. h. t. Dig., qu'il importe peu de savoir comment l'obligation, constituant de la part de la femme une intercession, a pris naissance : *Omnis omnino obligatio Sénatus-consulto Velleiano comprehenditur : sive verbis, sive re, sive quocumque alio contractu intercesserint.*

Les cas d'intercession sont fort nombreux, et ils ont été diversement classés par les interprêtes du Droit Romain.

On a dit que la femme pouvait intercéder de deux manières: en obligeant sa chose, en s'obligeant elle-même. On ajoute, qu'elle peut s'obliger elle-même de trois manières différentes: 1° en prenant sur elle une obligation étrangère, 2° en participant à une obligation étrangère, 3° en se constituant dès le principe débiteur à la place d'un autre qui, par là même, est dispensé de le devenir.

Dans un 2° système de classification très scientifique et généralement adopté en Allemagne, les cas d'intercession sont divisés en deux grandes classes: intercessions privatives, intercessions cumulatives. Il y a intercession privative, lorsque l'intercédant est obligé au lieu et place du débiteur primitif. Il y a intercession culumative au contraire, lorsque l'intercédant est obligé concurremment avec le débiteur primitif.

L'intercession cumulative se subdivise elle-même en intercession cumulative principale, et en intercession cumulative accessoire. Elle est principale, alors que le créancier peut poursuivre comme son débiteur principal celui des deux qu'il lui plait de choisir, de l'intercédant ou du débiteur originaire. Elle est accessoire au contraire, lorsque le créancier ne peut poursuivre l'intercédant que subsidiairement, et seulement dans le cas où il aurait déjà poursuivi le débiteur originaire, mais sans obtenir satisfaction.

Ces deux premiers systèmes ont, comme on le

voit , pour base l'étendue des obligations de la femme, et c'est précisément là, ce qui nous engage à les rejeter.

Sans doute, la question de savoir quelle est le plus ou moins d'étendue des obligations de la femme, présente il est vrai des points de vue intéressants, mais il faut bien reconnaître que c'est là un point tout-à-fait incident dans la matière du Sénatus-consulte Velléien, où il importe surtout de savoir dans quels cas une obligation contractée par la femme, constitue véritablement une intercession.

Nous nous attacherons donc à une autre division qui, outre qu'elle présente cet avantage de se trouver parfaitement appropriée à notre matière, a le mérite de trouver son origine jusque dans les jurisconsultes romains eux-mêmes, comme on peut s'en assurer en lisant les L. L. 8. § Ier au Dig. 4 et 8. aud Code. h. tit. Cette division paraît du reste avoir été adoptée, du moins implicitement, par Cujas, Donneau et Pothier.

Nous distinguerons donc les cas d'intercession suivant que la femme : *suscipit in se veterem obligationem,* ou bien *suscipit novam obligationem.*

Ce qui signifie qu'il est des cas où la femme prend à sa charge une obligation préexistante, et qu'il en est d'autres où elle prend pour le compte d'autrui une obligation qui n'existe pas encore.

1° *Cas ou la femme prend à sa charge une obligation préexistante.*

Les cas dans lesquels la femme s'oblige ainsi en prenant sur elle une obligation étrangère sont : l'expromission, la délégation, la *défensio pro alio*, la réponse à une *interrogatio* faite *in jure*, le compromis, la fidéjussion, le constitut, le mandat *pecuniæ credendæ*, l'hypothèque constituée pour la dette d'autrui, la renonciation à un rang d'hypothèque, la dette solidaire, la *Procuratio ad Agendum*. C'est ce que nous allons examiner.

1° *Expromission*. L'expromission n'est pas autre chose que la novation par changement de débiteur. Le caractère propre à ce genre de novation, c'est que la première obligation, celle dont était tenu le débiteur originaire, se trouve éteinte et qu'elle est remplacée par une obligation nouvelle dont se trouve tenu un nouveau débiteur.

Du reste le mot expromission est un terme générique qui comprend outre l'expromission proprement dite, la délégation, en un mot tous les cas de novation par changement de débiteur.

Il y a expromission proprement dite ou *stricto sensu*, lorsqu'une personne s'engage spontanément, c'est-à-dire sans mandat, à payer ce qui était du par une autre personne. Supposons que la femme se soit ainsi obligée, aucun doute n'est possible, il y a là de sa part une intercession prohibée.

2° *Délégation*. Nous venons de dire que la délégation n'est qu'une des formes de la novation par changement de débiteur.

Elle présente ce caractère tout-à-fait particulier que le débiteur ne s'oblige que par suite d'un mandat que lui donne le débiteur originaire. Il y a donc délégation, lorsqu'une personne donne à une autre personne mandat de s'obliger à la place d'un débiteur, et cela dans le but de faire une novation.

Remarquons que la femme peut ici jouer deux rôles : celui de déléguée, celui de délégante.

Dans la première de ces deux hypothèses, elle intercède puisqu'elle devient débitrice à la place d'une autre personne, ce qui constitue bien l'intercession prohibée par le Sénatus-consulte ; à moins, bien entendu, qu'elle ne soit elle-même la débitrice du délégant, car alors elle ferait sa propre affaire comme nous le verrons plus tard.

Dans la deuxième hypothèse celle où elle joue le rôle de délégante, elle intercède encore, car en donnant ainsi mandat à une personne de s'obliger pour autrui elle se soumet naturellement au recours de l'action *mandati contraria*, ce qui est bien prendre sur soi une obligation étrangère. Elle n'intercéderait donc pas en jouant ainsi le rôle de délégante, si elle était elle-même la débitrice du délégataire ou la créancière du délégué. L. 8. §6. Dig. h. t. Car lorsqu'elle est la débitrice du délégataire, elle fait ainsi sa propre affaire, et lorsqu'elle est la créancière du délégué, comme celui-ci ne peut pas recourir contre elle une fois qu'il a payé, on ne peut pas dire dans ce cas que la femme s'est obligée pour autrui.

3° *Defensio pro alio.* Lorsqu'une personne se présente en justice pour jouer le rôle de défendeur au lieu et place d'une autre personne, l'obligation qui résulte de la *litis contestatio* nait exclusivement à sa charge. Quant à celle dont était tenu le débiteur primitif, elle disparaît anéantie par la novation qui résulte de la *litis contestatio,* c'est ce que dit de la façon la plus formelle Pomponius dans la L. 23. Dig. 50. L. 46. 3. *Solutione Vel Judicium pro nobis accipiendo, et inviti et ignorantes liberari possumus·*

La femme qui est ainsi défendeur pour autrui sera donc condamnée, elle a donc pris sur elle une obligation étrangère et il y a bien là une intercession des mieux caractérisées. C'est ce que dit Ulpien dans la L. 2. §5. Dig. h. t. *Sed etsi mulier defensor alicujus extiterit, procul dubio intercedit: suscipit enim in se alienam obligationem: Quippe cum ex ea re subeat condemnationem,* et Ulpien ajoute immédiatement *Proïnde neque maritum, neque filium, neque patrem permittitur mulieri defendere.*

Nous verrons cependant que la prohibition de défendre pour autrui n'est pas aussi absolue que le jurisconsulte semble bien le dire. Le prêteur, en effet, admettra quelques fois une femme, *causâ cognitâ*, à représenter en justice des parents que l'âge ou la maladie empêcherait d'agir, lorsque d'ailleurs personne ne se présente pour le faire. L. 41. *Dig. de Procurat.* III. 2.

De même, la femme pourra revendiquer la liberté pour ses enfants, ses frères et sœurs et ses autres cognats s'il ne se présente personne pour le faire et cela même contre le gré de celui qui est injustement retenu en esclavage. L. 3. §§ 2 et 3. Dig. *de lib. causa.* XL. 12.

4° *Réponse à une interrogatio in jure* : par laquelle la femme se chargerait d'une dette dont un autre est réellement tenu. Les textes nous fournissent deux exemples de ce mode d'intercession.

Une femme interrogée en justice sur ce point de savoir si elle est véritablement héritière, répond effectivement quelle est héritière. *Confessus pro judicato habetur*, tel est le principe, dont il est facile de prévoir ici les conséquences. Désormais, la femme va se trouver engagée comme héritière vis-à-vis du créancier qui l'a ainsi interrogée. Elle est donc liée alors même que sa réponse ne serait pas conforme à la vérité. Mais dans ce cas, elle s'est soumise à des obligations qui lui sont étrangères, puisqu'elle a pris sur elle les obligations du véritable héritier, elle a donc intercédé. L. 23. Dig. h. t.

Un second exemple nous est fourni par la L. 26 Dig. h. t. Une femme possède un esclave dont elle n'est pas propriétaire : cet esclave commet un délit, et la victime de ce délit veut intenter l'action noscale. Craignant cependant de se tromper et de n'avoir pas à faire au véritable propriétaire, elle interroge la femme en justice sur le point de savoir si elle est véritablement propriétaire et la femme répond affirmativement.

Confessus pro judicato habetur, disions nous tout-à-l'heure, l'action noscale va donc se poursuivre contre la femme comme si elle était véritablement le propriétaire de l'esclave et le véritable propriétaire en sera par là même libéré. Mais remarquons tout de suite avec le jurisconsulte lui-même, que si la femme possédait de bonne foi cet esclave, il n'y aurait pas là d'intercession, car il est de principe que le possesseur de bonne foi d'un esclave est soumis *suo nomine* à l'action noscale.

5ᵉ *Compromis fait par la femme au nom d'un autre.* Lorsqu'un différent existe entre deux personnes et qu'un tiers s'engage pour l'une de ces personnes vis-à-vis de l'autre à soumettre le différent à un arbitre, ce tiers s'oblige par là même à voir prononcer condamnation contre lui et par conséquent à exécuter la sentence de l'arbitre. La femme contracte donc une intercession en s'obligeant ainsi, ce que dit formellement la L. 32. § 2. *Dig. de recept.* IV. 8.

6° *Fidéjussion*. Inutile d'insister sur cette hypothèse, car il est de toute évidence qu'en se portant fidéjusseur, la femme prend sur elle une obligation étrangère, et par conséquent intercède.

7° *Constitut*. La femme intercède , lorsqu'en vertu du pacte de constitut, elle s'engage à payer la dette d'autrui, à tel jour déterminé. Ce cas se rapproche beaucoup des deux cas d'expromission, avec cette différence cependant que dans le pacte de constitut le débiteur n'est pas libéré, L. 28. de *Pec. const. Dig.* 13. 5.

8° *Mandatum pecuniæ credendæ*. Lorsqu'une femme donne à quelqu'un mandat de prêter l'argent à un tiers, elle se soumet par là même au recours de l'action *mandati contraria*, et par conséquent à l'obligation de rembourser au mandataire la somme qu'il aura prêtée. La femme a donc pris à sa charge l'obligation d'autrui et contracté une intercession prohibée.

9° *Hypothèque ou gage constitué pour la dette d'autrui*. La femme prend sur elle une obligation étrangère, et par conséquent elle intercède lorsqu'elle donne sa chose en gage ou lorsqu'elle l'hypothèque pour la chose d'autrui : L. 8. P. Dig. : Il est vrai qu'elle n'est obligée que *propter rem*, mais elle n'en est pas moins obligée, et cela suffit pour qu'il y ait lieu d'appliquer le Sénatus-consulte Velléien.

Du reste, cette solution n'avait pas été admise sans discussion, car Ulpien nous apprend dans la L. 8.

que nous venons de citer, que Julien n'admettait pas qu'il y eut dans ce cas intercession de la part de la femme, opinion qui, on le voit, n'a pas prévalu.

Remarquons, du reste, que si la femme ne peut pas, sans contracter une intercession prohibée, donner sa chose en gage ou l'hypothéquer pour la dette d'autrui, elle peut très-valablement, comme nous le verrons plus tard, faire remise à son débiteur du gage ou de l'hypothèque qui garantit sa créance.

Et, en effet, dans ce cas, il est difficile à la femme de se méprendre sur la portée de l'abandon qu'elle consent ainsi. Le sacrifice est pour elle évident et manifeste. Or, le Sénatus-consulte Velléien n'a pas entendu protéger la femme contre une diminution immédiate de son patrimoine, car nous verrons qu'elle peut valablement acquitter la dette d'autrui. L. 4, § 1° Dig. h. t. Il a voulu seulement la protéger contre les entraînements et les illusions qui pourraient la porter à s'obliger pour autrui dans l'espérance qu'il ne lui en coûtera rien en définitive. Or, c'est précisément ce qui se présente lorsque la femme engage sa chose ou lorsqu'elle l'hypothèque pour la dette d'autrui.

Elle peut, en effet, espérer que le débiteur payera sa dette et que sa chose, qui en est la garantie, n'aura pas à la supporter. C'est contre cette espérance que le Sénatus-consulte a voulu la protéger, et c'est précisément là ce qui justifie la décision de la L. 8. Prin. Dig. h. t.

10ᵉ *Renonciation à son rang d'hypothèque.*

La femme en renonçant à son rang d'hypothèque, contracte une intercession prohibée. Cette décision ressort évidemment de l'examen de la L. I 7. § 1ᵉ au Dig. dont voici l'espèce.

Une femme divorcée d'avec son mari, a contre lui deux créances : l'une ayant pour objet la restitution de sa dot, l'autre une somme d'argent qu'elle lui a prêtée. Ces deux créances sont garanties par une hypothèque que le mari lui a concédée sur le fonds Cornélien.

Dans ces circonstances, le mari ayant besoin de faire un emprunt, va trouver un capitaliste, mais ce capitaliste exige un gage, ce qui embarrasse fort le mari, puisque, nous l'avons vu, son fonds garantit déjà les deux créances de sa femme.

Celle-ci intervient alors au contrat, reçoit le paiement de sa dot et renonce à l'hypothèque qui la garantit, sans ajouter toute fois quelle a encore sur le fonds Cornélien une seconde hypothèque pour sa créance d'argent prêté.

Plus tard, se fondant sur cette seconde hypothèque; elle intente contre le créancier l'action quasi Servienne. Celui-ci lui répond par l'exception tirée de la convention du gage à laquelle elle a pris part, exception ainsi conçue : *si non voluntate ejus pignus datum esset.* La femme va-t-elle pouvoir opposer à cette exception la réplique tirée du Sénatus-consulte Velléien ?

Le jurisconsulte répond négativement ; mais remarquons en bien la raison : elle est fondée sur ce que le créancier ignorait que le fonds Cornélien outre la restitution de la dot garantissait encore une autre créance que la femme avait contre son mari : *nisi creditor scisset alienam pecuniam ei deberi.* Donc si le créancier avait connu l'existence de cette seconde hypothèque, la femme pourrait victorieusement lui opposer le Sénatus-consulte Velléien ; ce qui revient à dire qu'il y aurait eu là de sa part intercession prohibée. Or comme dans l'espèce la femme n'a pas fait autre chose que renoncer à son rang d'hypothèque sur le fonds Cornélien en faveur du créancier de son mari, nous sommes bien amené à reconnaître que toute opération de cette nature, c'est-à-dire tout pacte de *post-ponendo* constitue bien de la part de la femme une intercession tombant sous le coup de la prohibition du Sénatus-consulte Velléien.

Cette décision paraît au premier abord contradictoire avec celle que nous avons donnée relativement au cas où la femme renonce purement et simplement au gage ou à l'hypothèque qui garantit sa créance. N'est-il pas en effet singulier que dans ce dernier cas la femme ne soit pas protégée, alors qu'on la protège lorsqu'elle ne fait que renoncer à son rang d'hypothèque ? Cependant il est facile de reconnaître que ces deux décisions ne sont en définitive que parfaitement conformes l'une et l'autre, à l'esprit

même du Sénatus-consulte Velléien, qui est comme
nous l'avons vu déjà, de ne point protéger la femme
contre les diminutions immédiates de son patrimoine, mais seulement contre les illusions qui
pourraient l'entrainer à s'obliger témérairement
pour autrui.

Or en faisant ainsi remise du gage ou de l'hypothèque qui garantit sa créance, aucune illusion
n'est possible de la part de la femme, elle fait un
sacrifice évident dont elle peut apercevoir immédiatement toutes les conséquences. Mais il n'en est
pas de même alors qu'elle ne fait que renoncer à
son rang d'hypothèque, car elle peut croire qu'en
définitive, malgré la perte de son rang, sa créance
n'en sera pas moins efficacement garantie.

XI° *Dettes solidaires, mais dans certains cas
seulement :*

Lorsque la femme s'oblige solidairement avec un
autre débiteur, trois cas sont à considérer suivant
lesquels on devra dire : qu'elle n'a pas intercédé du
tout, qu'elle n'a intercédé que pour partie, ou
qu'elle a intercédé pour le tout.

Elle n'intercède pas du tout, et par conséquent
son obligation ne se trouve pas paralysée par le Sénatus-consulte Velléien, lorsqu'en s'obligeant ainsi
elle fait exclusivement sa propre affaire, c'est-à-dire
lorsque son obligation lui procure un avantage ou
l'empêche d'éprouver une perte au moins égale ou
supérieure à la dette qu'elle contracte : L. 17. § 2.
Dig.

Que si au contraire, en s'obligeant ainsi, elle fait en même temps sa propre affaire, et en même temps celle d'autrui, elle n'intercède que pour partie.

Enfin, elle intercède pour le tout, lorsqu'elle fait uniquement l'affaire d'autrui.

12ᵉ *Procuratio ad agendum*. Le *procurator ad agendum* ne représente pas le *dominus litis*. Il est donc à craindre que le défendeur, absous sur la poursuite du *procurator*, ne soit de nouveau recherché par le *dominus litis*, auquel cas, il ne pourra lui opposer l'exception *rei judicatœ*. En conséquence, le *procurator* doit donner la caution de *rato*, c'est-à-dire s'obliger par voie de *satisdatio*, soit devant le préteur, soit devant le Juge, a procurer au défendeur la ratification du *dominus litis*. Une femme ne peut donc pas se porter *procurator ad agendum*, autrement elle prendrait à sa charge l'obligation d'autrui.

IIᵉ *Des cas où la femme prend sur elle-même une obligation nouvelle.*

Outre l'intercession proprement dite, le Senatus-consulte Velléien prohibe encore les *Mutui dationes*. C'est là le dernier cas d'intercession dont il nous reste maintenant à parler.

Il y a *mutui datio* dit *Accurse,* lorsqu'une personne *a dante mutuum accepit, quod alius erat acceptarus.* La femme s'interpose entre un créancier et une personne qui veut emprunter ; elle reçoit de l'argent en apparence comme pour elle, mais en réalité, pour le prêter à un tiers; or, c'est là ce que le Sénatus-consulte lui défend.

Deux conditions sont donc nécessaires pour constituer la *mutui datio.* 1° La femme doit contracter un emprunt, pour en faire profiter autrui. 2° La personne qui profite de cet emprunt fait par la femme, doit avoir eu l'intention de contracter elle-même le *mutuum.*

Cette dernière condition est la plus importante, et c'est elle qui, en quelque sorte, caractérise l'opération, car nous verrons qu'il n'y a pas de *mutui datio,* et par conséquent que la prohibition du Sénatus-consulte Velléien ne doit pas s'appliquer, lorsque la femme emprunte de l'argent dans l'intention connue et avouée de le prêter à un tiers, si d'ailleurs ce tiers ne voulait point contracter l'emprunt.

C'est, qu'en effet, dans cette dernière hypothèse on ne peut vraiment pas dire que la femme prend sur elle une obligation étrangère. Elle contracte bien une obligation en vue de l'intérêt d'une autre personne, mais si elle s'oblige ainsi, elle le fait sans espérance d'une compensation avec l'esprit et l'intention de faire une libéralité; or, nous avons vu déjà et nous aurons encore l'occasion de le répéter, que le Sénatus-consulte Velléien n'avait entendu protéger la femme, que lorsqu'elle s'oblige avec l'espérance d'une compensation qui plus tard, l'indemnisera de l'obligation qu'elle contracte ainsi *pro alio.*

Or, c'est précisément ce qui a lieu dans l'hypothèse de la *mutui datio.* La femme emprunte d'un côté, mais elle prête d'un autre, et elle peut espérer que son débiteur lui restituera ce qu'elle doit elle-même. En un mot, elle se charge d'une obligation étrangère et même il y a de sa part dans cette opération, dessein de faire fraude à la loi et d'échapper à la prohibition du Sénatus-consulte, en ayant l'air de contracter pour elle-même, absolument comme dans le cas, ou elle n'intercède qu'à l'aide d'une personne interposée qui ne s'oblige que sur son mandat. L. 30. § Ier et 32. § 2. Dig. h. t.

Cette nullité qui s'attache à toute *mutui datio* contractée par la femme, paraît bien dangereuse pour le créancier, car la nature même de l'opération, mettra la plupart du temps obstacle à ce qu'il puisse reconnaître si la femme contracte réellement pour elle-même, ou au contraire emprunte pour autrui et par conséquent contracte une intercession prohibée. Mais nous verrons que la bonne foi du créancier doit-être prise en considération, lorsqu'il s'agit d'appliquer la prohibition du Sénatus-consulte Velléien, L. L. 4. 8. § 14 et 15. 11. 12. 27. 28. § Ier, 29. Prin. Dig. I. 4 et 19. Cod. h. t.

§ IV.

*De ceux pour qui il est défendu à la femme
d'intercéder et de ceux auprès. desquels elle
ne peut pas intercéder.*

La prohibition du Sénatus-consulte Velléien s'applique aux actes émanés d'une femme et qui présentent le caractère d'une intercession, sans qu'il y
ait à s'occuper de la personne du créancier vis-à-vis
duquel la femme s'est obligée, ni de celle du débiteur pour lequel elle a voulu intercéder.

Nous trouvons dans les textes de nombreuses applications de ce double principe, et nous voyons notamment que la femme ne peut s'obliger, ni pour
son mari, ni pour son père, ni pour son fils : *neque
maritum, neque patrem, neque filium permittitur mulieri defendere.* L. 2. § 5. Dig. h. t.

Qu'il lui est également défendu d'intercéder pour
un pupille, pour un mineur de vingt-cinq ans, pour
l'esclave d'autrui et même pour son propre esclave.

Remarquons cependant que la femme est parfaitement tenue de l'action *quod jussu*, lorsqu'elle
donne à son propre esclave l'ordre de contracter un
mutuum, car c'est absolument comme si elle empruntait elle-même.

Cette règle générale, que la prohibition du Senatus-consulte Velléien, frappe l'intercession des femmes sans qu'il y ait à prendre en considération, soit la personne du débiteur, soit celle du créancier, n'était pas cependant sans comporter quelques exceptions.

Nous avons déjà rencontré deux de ces exceptions touchant la personne du débiteur, lorsqu'il s'est agi pour nous de déterminer qu'elles étaient les différents cas d'intercession. Nous avons vu en effet, que la femme ne pouvait pas, sans contracter d'intercession, défendre quelqu'un en justice, mais que cependant la L. 41. de *Procurat. au Dig :* 3. 3. permettait exceptionnellement, qu'elle fut admise *causâ cognitâ,* à représenter en justice des parents empêchés par l'âge où la maladie, lorsque personne ne se présentait pour le faire. Qu'elle pouvait encore, à défaut d'autres personnes et toujours *causâ cognitâ* comme dans le cas précédent, revendiquer la liberté pour ses père et mère, pour ses frères et sœurs, pour ses enfants, pour son mari, et cela alors même que celui dont l'état est en question voudrait s'y opposer. L. 3. § 2 et 3. de *liberali causa,* dig. 40. 12.

Signalons une autre exception, il s'agit du cas ou la femme intercède pour les magistrats qui ont nommé à ses enfants le tuteur qu'elle leur avait désigné ; dans ce cas l'intercession est valable si le décret de nomination indique expressément que le tuteur est donné *periculo mulieris*. L. 1 et 3. *Si mat. inter*. C. 5. 46.

Enfin dans certains cas une intercession sera déclarée valable, grâce à l'intérêt qui s'attache à la personne même du créancier. C'est ainsi que nous verrons la femme ne pouvoir plus opposer l'exception du Sénatus-consulte Velléien, lorsqu'après s'être obligée vis-à-vis d'un mineur de vingt-cinq ans, l'action de ce mineur contre son ancien débiteur, se trouve rendue inefficace par suite de l'insolvabilité de ce dernier. L. 12. de *minoribus*. *Dig*. IV. 4.

§ V.

De certains cas où l'acte fait par la femme ne constitue pas une intercession et où par conséquent la prohibition du Sénatus-consulte Velléien ne doit pas s'appliquer.

Nous avons vu ce qu'il fallait entendre par intercession et nous avons examiné les différentes hypothèses dans lesquelles elle pouvait se présenter. Nous allons maintenant examiner un certain nombre de cas, spécialement prévus par les jurisconsultes romains, qui paraissent au premier abord devoir tomber sous le coup de la prohibition du Sénatus-consulte Velléien, mais qui en réalité manquent de l'une des conditions essentielles à l'existence de toute intercession prohibée.

Ces conditions sont nécessairement comprises dans la définition que nous en avons donnée et qu'il est bon de rappeler ici.

On entend par intercession, avons nous dit, tout acte par lequel la femme agissant dans l'intérêt d'autrui, soit par elle-même, soit par une personne interposée, prend à sa charge ou garantit en tout ou en partie, l'obligation dont un tiers est tenu où qu'il est sur le point de contracter. Or, il résulte évidemment de cette définition qu'il ne peut y avoir d'intercession prohibée que là où l'on rencontre 1° une obligation contractée par la femme. 2° Une obligation ayant pour objet l'intérêt d'autrui. 3° Un intérêt étranger consistant dans une obligation qui existe déjà où dans une obligation que le débiteur est sur le point de contracter; ajoutons un engagement pris vis-à-vis d'un autre que le débiteur lui-même.

Cos différents caractères de l'intercession une fois reconnus, il est facile de prévoir les cas où elle ne peut pas se présenter, et de reconnaître les opérations auxquelles le Senatus-consulte Velléien est complétement étranger. Ce sont celles qui consistent dans une aliénation ; ensuite, dans une obligation contractée en apparence pour autrui, mais en réalité pour le compte de la femme; en troisième lieu, dans l'engagement pris par la femme pour un tiers, lorsque ce tiers n'était pas lui-même obligé et n'avait pas l'intention de s'obliger, enfin dans les obligations que la femme pourra contracter vis-à-vis du débiteur lui-même.

§ VI.

La femme n'intercède pas lorsqu'elle ne contracte pas une obligation.

Pour qu'il y ait *intercessio* il faut que la femme s'oblige ou qu'elle engage ses biens, elle peut donc valablement aliéner et nous connaissons déjà le motif de cette différence.

En aliénant, il y a pour elle un sacrifice évident, une diminution immédiate de son patrimoine, qui la portera a réfléchir et à ne point contracter témérairement ; aussi le Senatus-consulte Velléien ne la protège-t-il pas dans ce cas, établissant en matière d'intercession quelque chose d'analogue à ce que la loi Julia avait établi au sujet du fonds dotal, que le mari pouvait bien aliéner avec le consentement de sa femme, mais qu'il ne pouvait hypothéquer même avec ce consentement. Le législateur de la loi Julia ayant en effet pensé, que la femme pouvant apprécïer toutes les conséquences d'un dépouillement actuel, ne le consentirait qu'en connaissance de cause. Tandis qu'au contraire l'engagement hypothécaire ne produisant pas d'effet instantané, et la perte n'étant qu'éventuelle, il était à craindre que la femme ne se fît illusion sur les suites ultérieures de son engagement et ne consentit trop facilement à contracter un acte de cette nature.

Ainsi donc toute aliénation de la femme sera respectée.

De ce principe il résulte qu'elle peut valablement faire une donation. Voir L. 4. § 1° Dig. h. t. ou Ulpien donne à l'appui de sa décision les raisons que nous venons de reproduire. *Senatus enim* dit-il, *obligatœ mulieri succurrere voluit non donanti, quia facilius se mulier obligat, quam alicui donat.*

2° La femme peut valablement payer les dettes d'une autre personne. L. 4. § 1° Dig. L. I° et 4 au Cod h. t., car en payant elle aliène.

3° Elle peut encore valablement : faire une *datio in solutum* pour autrui, car en abandonnant ainsi sa chose, c'est absolument comme si elle faisait un paiement, et nous venons de voir qu'en payant elle n'intercédait pas. Du reste le cas est spécialement prévu par la L. 5. au Dig. h. t.

4° Déléguer son débiteur au créancier d'une autre personne. LL. 5 et 8 § 5. Dig. h. t. Remarquons cependant que le tiers que la femme délègue ainsi doit être son débiteur, car sans cela, la femme serait soumise au recours de ce tiers par l'action *mandati contraria*, ce qui constituerait bien de sa part une intercession prohibée. LL. 8. § 4 et 6 — 29 § 2. Dig. h. t.

Ainsi donc en résumé nous pouvons dire que la femme peut valablement faire pour autrui toutes sortes de paiements:

Nous venons de voir que la femme pouvait valablement déléguer au créancier d'un tiers son propre débiteur. Cependant cette solution paraît être formellement contredite par la L. 32, § I^e Dig. h. t. Voici l'espèce prévue par ce texte :

Une femme vend sa chose au créancier d'un tiers, et il est entendu que l'acheteur se paiera en tant que créancier de ce tiers, en gardant le prix de la chose vendue. Plus tard la femme revendique, et le jurisconsulte répond qu'elle le peut effectivement et que le Senatus-consulte Velléien a précisément pour but de lui accorder cette revendication ; c'est en vain dit-il, que le créancier acheteur opposera à la femme *l'exceptio rei venditœ et traditœ*, celle-ci la paralysera par la réplique, *aut si ea venditio contra Senatum-consultum facta sit.*

Que résulte-t-il de là, sinon que la femme ne peut pas déléguer au créancier d'un tiers, son propre débiteur, ce que la L. 5 au Dig. permet cependant de la façon la plus formelle en ces termes : *si emptorem delegavit creditori alieno, non puto Senatus-consultum locum esse.*

La contradiction entre ces deux textes n'est cependant qu'apparente, et il est facile de les concilier, en admettant que dans la loi 32 au dig., la vente conclue par la femme, n'a été faite qu'en vertu d'une obligation qu'elle avait déjà contractée, et qui constituait de sa part une intercession prohibée.

Or, toute aliénation de la part de la femme, quoique valable en principe, ne l'est plus, dès qu'elle n'a lieu qu'en vertu d'une obligation prééxistante, *cum obligatœ non essent*, L. 1. Dig. H. T. Donc la délégation dans l'hypothèse de la loi 32, n'a été faite qu'en exécution d'une intercession prohibée, elle n'est en définitive que l'exécution de l'intercession elle-même, et par conséquent frappée comme telle de la même nullité : L. 8, § 3. Dig. et L. 9. h. t. Enfin comme nous l'avons déjà indiqué, la femme peut valablement, sans qu'il y ait là d'intercession de sa part, renoncer à l'hypothèque, ou faire remise du gage qui garantit sa créance. L. 8. Dig. h. t. et L. 21 Cod.

Cette solution devrait être donnée alors même que la femme a pour débiteur son mari, et que le mariage subsiste encore. L. XI. Cod. h. t. Dans ce cas, non seulement il n'y a pas là d'intercession de la part de la femme, mais il n'y a même pas de donation entre époux: L. 18, *quœ in fraud cred.* 42. 8.

§ VII.

La femme n'intercède pas lorsqu'elle gère en réalité sa propre affaire, quoique contractant en apparence pour le compte d'autrui.

Toutes les fois que la femme gère sa propre affaire, tout en contractant en apparence pour le compte d'autrui, il n'y a point d'intercession, et l'obligation qu'elle à contractée se trouve parfaitement valable. C'est ce qui est dit dans les termes les plus formels dans la L. 21 au Dig. h. t. : si *pro aliquo mulier intercesserit, sed in rem ejus, quod acceptum est versaretur, exceptio Senatus-consulti locum non habet, quia non sit pauperior:* et Gaius dit de son côté dans la L. 13 de notre titre au Dig., *aliquando licet alienam obligationem suscipiat mulier, non adjuvatur hoc Senetus-consulto : quod tum accidit, quum prima facie quidem alienam, re vera autem suam, obligationem suscipiat.*

Ajoutons, que la femme sera considérée comme gérant sa propre affaire, non-seulement lorsqu'en intercédant, elle poursuit un intérêt qui pour elle est purement pécuniaire, mais encore lorsquelle a pour but de donner satisfaction à un devoir de piété ou de conscience.

Et maintenant parcourons les différens textes qui font l'application de ces principes:

Une femme s'est obligée pour soustraire son père aux poursuites rigoureuses de son créancier. Dans ce cas son intercession est parfaitemeut valable, car en agissant ainsi, elle a accompli un devoir que la piété lui commandait, aussi le jurisconsulte écarte-t-il dans cette hypothèse l'application du Sénatus-consulte Velléien. L. 21 § 1ᵉ Dig. H. T.

Une femme étant esclave, promet à son maitre une somme d'argent pour qu'il l'affranchisse; *ob pactionem libertatis*. Comme elle ne serait pas engagée par cet engagement contracté pendant la servitude, elle a donné un *expromissor* pour sûreté de sa promesse. L. 104 au Dig. de Ver. Oblig. 45 H. 1. Devenue libre, elle prend à sa charge l'obligation contractée par cet *expromissor*. Il y a bien là de sa part, obligation contractée pour autrui, mais le jurisconsulte écarte encore ici l'application du Sénatus-consulte, car en agissant ainsi, la femme gère sa propre affaire, en ce qu'elle ne fait qu'accomplir un devoir de conscience. L. 13, Prin. au Dig.

Voici maintenant des exemples de cas où la femme poursuit un intérêt purement pécuniaire.

Une femme s'est fait vendre une hérédité, or il est de principe que malgré la vente, l'héritier n'en conserve pas moins sa qualité. Il reste donc toujours soumis aux poursuites des créanciers héréditaires de même qu'il peut à son tour en qualité d'héritier, poursuivre les débiteurs de la succession.

Cette situation présentait de graves inconvénients, tant pour l'acheteur, que pour l'héritier lui-même. Aussi les stipulations dites *emptæ et venditæ hereditatis*, sont-elles intervenues entre l'héritier et la femme, stipulations par lesquelles l'héritier s'engage à restituer à la femme toutes les sommes qui lui seront payées en sa qualité d'héritier, et par lesquelles de son côté, la femme s'engage à indemniser l'héritier de tout ce qu'il aura du payer aux créanciers de la succession.

Supposons maintenant, que l'héritier soit poursuivi par l'un des créanciers héréditaires ; la femme se présente pour le défendre, et elle est condamnée. Pourra-t-elle invoquer contre l'action *judicati* la protection du Sénatus-consulte Velléien ? Evidemment non, car si elle n'était pas intervenue, et si la condamnation avait été prononcée contre l'héritier, celui-ci se serait retourné contre elle en vertu de l'action *ex stipulatu*. L. 13. Dig. h. t.

La même solution, devrait-être donnée, si au lieu de défendre à une action dirigée contre l'héritier, la femme s'était simplement engagée à payer aux créanciers héréditaires ce qu'ils allaient demander à l'héritier lui-même.

Le créancier d'une femme débitrice principale attaque son fidéjusseur. Si la femme se présente pour le défendre, elle sera obligée de subir la condamnation , sans qu'elle puisse opposer l'exception du Sénatus-consulte Velléien, car si le fidéjusseur avait été condamné, il se serait retourné contre la femme, au moyen de l'action *mandati* ou *negotiorum gestorum contraria*. L. 3 et 13. Prin. Dig. h. t.

Une femme charge son mari d'acquitter sa dette, et lui délègue à cet effet l'un de ses débiteurs, puis elle se porte fidéjusseur de ce dernier , vis-à-vis de son mari; en un mot, elle lui garantit la solvabilité du débiteur quelle lui délègue ainsi. *Suum negotium gessit;* le Sénatus-consulte Velléien ne sera donc pas applicable ici , car en se portant fidéjusseur , la femme a eu pour but de se libérer de la dette que son mari est chargé d'acquitter. L. 27. § 2. au. Dig.

Une personne donne à une femme une somme d'argent et lui confie en même temps le mandat de la libérer vis-à-vis de son créancier, soit en se portant *expromissor,* soit en payant la somme reçue. La femme a préféré se porter *expromissor*. Mais nous avons vu que toute *expromissio* de la part d'une femme constituait une intercession , et par conséquent que la femme pouvait invoquer le Sénatus-consulte; le pourra-t-elle ici? évidemment non, car en se portant ainsi *expromissor,* la femme n'a fait que sa propre affaire, puis qu'en n'exécutant pas le mandat, elle eut été soumise à l'action *mandati*. L. 22. au. Dig. h. t.

Du reste, cette solution de la L. 22. h. t. n'est que l'application d'un principe général en matière d'intercession qui ne permet pas à la femme d'invoquer le Sénatus-consulte Velléien toutes les fois qu'elle a été indemnisée de l'obligation quelle a contractée pour autrui.

Lorsqu'une femme est déléguée par son créancier, elle ne peut pas opposer le Sénatus-consulte Velléien, car en s'obligeant elle fait sa propre affaire, puisqu'elle se libère de son engagement antérieur. L. 24. Prin. Dig. et L. 2. C. h. t. Il en sera de même, et la femme ne pourra pas se retrancher derrière le Sénatus-consulte, si le créancier auquel on l'a ainsi déléguée, la délègue à son tour. Car encore ici elle gère son affaire. Mais la femme peut opposer le Sénatus-consulte Velléien lorsqu'elle est déléguée par une personne qui n'est pas son créancier.

Donc si nous supposons qu'un mari *donationis causa*, ait vendu à sa femme un objet à vil prix, puis qu'il la délègue pour ce prix à son créancier, la femme pourra valablement opposer le Sénatus-consulte Velléien, car la vente est nulle. (L. 38. *de contrah. empt.* 18. 1er,) comme la donation elle-même; donc la femme n'était pas débitrice du prix de vente et comme elle s'est obligée sans être débitrice, elle a contracté une intercession. L. 17. Prin. au. Dig. h. t.

Lorsque la femme gère ainsi sa propre affaire ,

comme dans tous les cas que nous venons de parcourir, le Sénatus-consulte Velléien n'est pas d'une
application possible, et il n'y a pas à rechercher, si
la femme éprouve un préjudice par suite de circonstances accidentelles, en un mot, elle n'intercède pas
quels que soient pour elle les résultats définitifs de
l'affaire. C'est ainsi que la L.19, § 3. Dig. h. t. déclare
que si la femme est acheteur d'une hérédité, l'insolvabilité des débiteurs héréditaires ne lui donnera
pas le droit d'opposer le Sénatus-consulte Velléien.

Nous venons de voir que la femme n'intercède
pas alors qu'elle gère sa propre affaire et lorsqu'elle s'oblige pour autrui dans le but de se libérer d'un engagement antérieur.

Or, il peut se faire qu'en réalité elle ait intercédé
pour autrui tout en croyant contracter pour elle-
même; par exemple, elle s'est obligée dans le but
de se libérer d'un engagement dont elle n'était pas
réellement tenue. Dans ce cas, son intercession est
elle valable? Peut-elle au contraire invoquer le
Sénatus-consulte Velléien? En un mot, faut-il s'attacher aux apparences ou à la réalité? Devons-nous
dire que la croyance de la femme doit valider son
intercession?

La question avait été résolue dans ce sens: qu'on
doit s'attacher aux apparences et non pas au fond
des choses, et que la bonne foi de la femme qui
intercède se croyant réellement débitrice doit valider son intercession. L. 8. § 2. au Dig. h. t. Du

reste, comme le prouve ce texte, la question avait été vivement controversée entre les jurisconsultes romains et voici à quelle occasion.

Une femme s'est portée pour Secundus auquel elle ne doit rien, *expromissor* vis-à-vis de Primus ; puis elle contracte une nouvelle *expromissio* pour le compte de Primus vis-à-vis de son créancier. Pas de difficulté relativement à la première *expromissio*, tout le monde s'accordait pour déclarer qu'elle constituait bien une intercession prohibée. Mais il y avait divergence de vue entre les jurisconsultes, sur le point de savoir comment il fallait considérer la seconde. Julien pensait qu'elle devait être mise sur la même ligne que la première et qu'on devait la déclarer inefficace. Il s'attachait à cette idée, qu'en fait, la femme avait fait l'affaire d'autrui, et que, par conséquent, elle pouvait réclamer l'application du Sénatus-consulte Velléien.

Mais Marcellus était d'avis contraire : Il y a, disait-il, entre la première *expromissio* et la deuxième, cette différence que, par la première, non-seulement la femme n'a pas fait sa propre affaire, mais elle n'a pas même cru la faire, tandis qu'au contraire, par la seconde, la femme songeait à se libérer d'une dette quelle croyait lui être personnelle ; elle n'a donc pas eu, la seconde fois, l'intention d'intercéder, bien qu'elle ait intercédé en réalité, et c'est à l'intention seule qu'il faut s'attacher. La femme doit donc être tenue vis-à-vis du créancier de Primus ; mais elle pourra exercer contre ce dernier une *condictio sine causa* pour répéter de lui ce qu'elle aura déjà payé ou pour le forcer à lui procurer sa libération. Car c'est sans cause qu'elle s'est portée pour lui *expromissor*, puis qu'elle pouvait lui opposer le Sénatus-consulte Velléien. L. 8, § 2, h. t. au Dig.

Lorsque la femme, tout en s'obligeant, fait en même temps son affaire et en même temps l'affaire d'autrui, elle n'intercède que pour ce qui dépasse son intérêt personnel dans l'opération.

Une première application de ce principe nous est fournie par la L. 17, § 2, au Dig. h. t. Une femme copropriétaire d'une maison avec un tiers, emprunte avec lui une somme d'argent pour faire à cet immeuble des réparations nécessaires, et tous deux s'obligent solidairement envers le créancier.

En principe, on devra dire que la femme est ic[i] tenue *proprio nomine,* de la moitié de la somme empruntée, et que, pour l'autre moitié, elle pourra opposer au créancier l'exception du Sénatus-consulte Velléien. Mais, cependant, on devra examiner qu'elle est la valeur du dommage que la femme aurait éprouvé dans le cas où les impenses que l'état de la maison nécessitait, n'auraient pas été faites, et c'est dans cette limite que la femme sera valablement tenue ; pour le surplus elle se sera obligée pour autrui et son engagement n'aura pour elle aucune conséquence préjudiciable. Le créancier pourrait donc la poursuivre pour la totalité, si le montant de la perte dont elle était menacée est égal ou supérieur au montant de la somme prêtée.

Par exemple, l'emprunt d'une somme de 10 a eu lieu, pour faire à l'immeuble commun qui vaut 30, des réparations sans lesquelles cet immeuble allait infailliblement périr. Comme ici l'intérêt de la femme est au nombre de 15, c'est-à-dire supérieur à la somme prêtée, que d'un autre côté, il n'est pas possible de réparer seulement une moitié d'immeuble indivise, la femme pourra valablement être poursuivie pour le tout, et elle ne pourra pas opposer le Sénatus-consulte Velléien pour la moitié de la somme, c'est-à-dire pour 5 L. 17, § 2, au Dig. h. t. ; mais bien entendu, elle pourra demander cette moitié de la somme empruntée à son copropriétaire, au moyen de l'action *communi dividundo*. (M. Demangeat — des obligations solidaires en droit Romain. P. 344.)

§ VIII.

*Engagement pris par la femme dans l'intérêt
d'un tiers, alors que ce tiers n'avait pas déjà
contracté d'obligation ou n'était pas sur le
point d'en contracter.*

Nous avons vu que le Sénatus-consulte Velléien,
outre l'intercession proprement dite, défendait à la
femme de contracter une *mutui datio* ; et nous
savons que la *mutui datio* n'est autre chose qu'une
intercession déguisée, s'opérant par un emprunt
que fait la femme dans l'intérêt d'une autre personne qui avait elle-même l'intention de le contracter.

Dans ce cas en effet, on peut vraiment dire que la
femme prend sur elle une obligation étrangère de
même que dans l'hypothèse ou elle vient cautionner
une dette, ou lorsqu'elle se porte *expromissor* pour
un débiteur vis-à-vis de son créancier.

Mais il n'en est pas ainsi lorsque la femme emprunte une somme d'argent pour l'employer à
l'usage d'un tiers, si d'ailleurs ce tiers n'avait pas
lui-même l'intention de contracter l'emprunt. Il y
a là de la part de la femme une opération parfaite-

ment valable et qui ne tombe pas sous le coup de la
prohibition du Sénatus-consulte : L. 13 et L. 16
code H. T.

§ IX.

*Obligations que la femme peut contracter vis-
à-vis du débiteur lui-même :*

Une des conditions essentielles à l'existence de
l'intercession, c'est qu'il y ait un débiteur en faveur
duquel la femme intercède, et une autre personne
vis-à-vis de laquelle elle s'oblige : Il n'y a donc pas
d'intercession et l'opération se trouve parfaitement
valable, lorsque la femme s'est obligée vis-à-vis du
débiteur lui-même. Voici des textes qui font l'application de ce principe :

Un tuteur est sur le point de vendre les *prœdia
urbana* (maisons de ville ou de campagne) qui
appartiennent au pupille. Ces immeubles étant su-
jets à dépérir, la loi faisait au tuteur une obligation
de les vendre et d'en placer l'argent, ceci fut du
reste modifié par Constantin (L. 22 au c. de ad. in
tut. 5. 37.

La mère du pupille désirant que ces immeubles
soient conservés, s'engage à indemniser le tuteur,
si plustard le pupille dont les immeubles n'auront

pas été vendus, le poursuit comme ayant mal géré ;
c'est effectivement ce qui arrive ; la tutelle ayant
pris fin, le tuteur est actionné et condamné.

Dans ce cas il peut exercer son recours contre la
mère du pupille, et celle-ci ne pourra pas lui opposer
l'exception tirée du Sénatus consulte Velléien, car
elle n'a pas intercédé : *nullam enim obligationem
alienam recepisse, neque veterem, neque novam,
sed ipsam fecisse hanc obligationem.* L. 8. § 1ᵉ
Dig. sent. de Paul. II. XI. 2.

Une femme désirant administrer la tutelle de ses
enfants, prie leur tuteur de lui en abandonner l'administration, et comme il est responsable de sa gestion, lui promet de l'indemniser si plus tard il est
condamné comme ayant mal géré. La femme sera
valablement engagée, car elle s'est obligée vis-à-vis
du débiteur lui-même. L. 6. prin. au. c.

Titius héritier d'un tuteur, hésite à accepter la
succession, car il craint que la tutelle ait été mal
gérée, et que les recours du pupille absorbent plus
que l'actif de la succession. La mère du pupille
l'engage alors à accepter, et lui promet de l'indemniser de tout ce qu'il aura à payer *tutelæ nomine.*
Titius accepte donc, puis il est condamné sur les
poursuites du pupille. Son recours contre la mère
du pupille en vertu de l'action *ex stipulatu,* ne
pourra pas être paralysé par l'exception tirée du
Sénatus-consulte Velléien, car en s'obligeant ainsi
la femme a contracté une obligation principale. L.
19. Prin. au Dig. H. T.

Mais supposons au contraire que la mère d'un pupille promette d'indemniser un tuteur qui à l'intention de se faire excuser, parcequ'il craint que la fortune du pupille ne soit pas suffisante pour le couvrir de ce qu'il aura dépensé pour lui. Dans ce cas, il y a bien là une intercession prohibée, L. 6. § 1ᵉ au C., car la femme se charge de l'obligation d'un débiteur, vis-à-vis de son créancier, et qu'il y a bien là l'élément constitutif de l'intercession.

La L. 19. § 1ᵉ au Dig. H. T., va nous fournir un exemple assez curieux de ce principe que la femme n'intercède pas lorsqu'elle s'oblige vis-à-vis du débiteur lui même.

Un homme est mort laissant deux fils : l'un de ces fils est encore impubère, l'autre en qualité d'agnat est devenu le tuteur légitime de son frère. Le frère ainé pensant que la succession paternelle est mauvaise veut user du bénéfice d'abstention non-seulement pour lui-même, mais encore pour son frère le pupille.

La mère du pupille, veuve du défunt, lui donne alors mandat d'accepter seul la succession paternelle, tout en usant du bénéfice d'abstention pour le pupille. Or, voici que plus tard le pupille vient demander compte à son frère de ce qui s'est passé, l'actionne comme ayant mal géré en s'abstenant pour lui, et le tuteur est condamné.

Dans ces circonstances, si le tuteur se retourne contre la mère du pupille, et lui réclame en vertu de l'action *mandati contraria* réparation du dommage qu'il éprouve par suite de cette condamnation, celle-ci ne pourra pas lui opposer l'exception du Sénatus-consulte Velléien. Telle était l'opinion de Julien confirmée par Africain.

Mais on n'aperçoit pas bien comment le tuteur peut subir une perte par suite du recours que le pupille vient ainsi a exercer contre lui.

Voici l'explication qu'en a donné Pothier : l'hérédité que le tuteur croyait mauvaise, au moment où elle s'est ouverte, s'est trouvée bonne en définitive ; aussi l'ancien pupille a-t-il réclamé sa part, et c'est pour cette part que le tuteur aura recours contre la femme.

Cette explication ne parait pas très satisfaisante, car, puisque l'hérédité est bonne et que le tuteur voulait s'abstenir pour lui-même, le mandat que lui a donné la femme d'accepter la succession, ne lui est point préjudiciable. La femme pourrait donc lui répondre, non pas en invoquant le Sénatus-consulte Velléien, mais en lui disant qu'au lieu de lui causer un préjudice, son mandat a tourné au contraire à son profit, puisque c'est grâce à lui qu'il peut aujourd'hui garder la moitié de la succession.

On pourrait aussi supposer, pour expliquer ce texte que le tuteur légitime a laissé devenir insolvables les débiteurs de la succession. Dans ce cas il sera responsable de ces insolvabilités vis-à-vis du pupille ; mais pourra-t-il se retourner contre la mère ?

Il faut avouer que si telle a été a été la pensée de
Julien et d'Africain, leur solution n'est pas très-satis-
faisante, car la mère n'a point promis au tuteur de
l'indemniser des pertes qu'il aurait à éprouver par
suite de sa propre négligence.

CHAPITRE II°.

Des exceptions au Sénatus-consulte Velléien.

Nous venons de parcourir un certain nombre
d'espèces dans lesquelles le Sénatus-consulte Velléien n'est pas d'une application possible, car on n'y
rencontre pas l'une des conditions essentielles à
l'existence de l'intercession prohibée.

Or, le Sénatus-consulte n'est pas toujours applicable même dans les cas où il y a bien de la part de
la femme une intercession des mieux caractérisées: certaines circonstances peuvent alors le faire
écarter et c'est ce que nous allons maintenant examiner. Les causes d'exception au Sénatus-consulte
Velléien sont tirées soit de la cause de l'intercession,
soit de la position du créancier, soit du fait même
de la femme. Selon leur habitude les glossateurs

avaient réuni les principales exceptions au Velléien
dans les vers mnémoniques suivants.

Casibus in senis mulier spondendo tenetur :
Pro libertate, pro dote, renuntiet, et si :
Decipiat, pretium capiat, caveat que secundo.

Ces derniers mots faisant allusion aux dispositions de la L. 22. dont nous aurons à parler.

§ I.

*Exceptions au Sénatus-consulte fondées sur
la cause de l'intercession.*

L'intérêt qui s'attache à la cause de l'intercession,
au motif qui a déterminé la femme à s'obliger pour
autrui, met obstacle à l'application du Sénatus-consulte Velléien dans les circonstances suivantes.

1° La femme a intercédé (*pro dote*) c'est-à-dire
qu'elle a emprunté où qu'elle s'est obligée pour
fournir une dot, que cette dot ait été fournie à sa propre fille L. 12. C. h. t, L. 32. § 2. de *cond. ind.* D.
XII. 6, où à tout autre L. 25. C. h. t.

De bonne heure il fut admis que si en dotant sa
fille, la femme ne faisait réellement pas sa propre
affaire, elle pouvait être cependant considérée
comme accomplissant une obligation naturelle ,
aussi *pietatis causa* lui défendit on d'invoquer

dans ce cas l'exception du Sénatus-consulte Velléien.

Justinien généralisa ce principe par faveur pour le
mariage. L. 25. C. h. t.

2° La femme s'est obligée envers un maître pour
qu'il conférat la liberté à son esclave. C'est encore
là une innovation introduite par Justinien en faveur
des affranchissements. L. 24. C.

3° Toute cause pieuse valide en général l'intercession. C'est ainsi que nous avons vu déjà, qne la
femme pouvait valablement, *causâ cognitâ* et à
défaut d'autres personnes revendiquer la liberté en
faveur de son mari où de l'un de ses cognats. L. 3.
§ 2. et 3 de *liberali causa Dig*. 40. 12.

Qu'elle pouvait encore et toujours *causâ cognitâ*
comme dans le cas précédent défendre en justice
des parents que l'âge où la maladie empêchaient d'a-
gir. L. 41. de *Proc. Dig*. 3. 37:

Se porter garant du tuteur qu'elle demande pour
ses enfants lorsque le décret du magistrat portant
nomination de ce tuteur, indique expressément
qu'il est donné aux risques et périls de la mère.
L. 3. *Si mater*. C. 5. 40.

Ajoutons enfin *arg*. de la L. 14. § 7. de *relig*.
Dig. XI. 7. qu'elle peut valablement s'obliger pour
donner la sépulture à un mort.

§ 2.

Exceptions au Sénatus-consulte fondées sur la position du créancier.

La femme s'est obligée vis-à-vis d'un mineur de vingt-cinq ans, et le débiteur primitif pour lequel elle a ainsi intercédé est devenu insolvable. Nous avons vu déjà que dans cette hypothèse, l'action contre ce débiteur ne pouvant plus être désormais utilement restituée au mineur, et deux intérêts se trouvant en présence : celui du mineur et celui de la femme, le premier avait été préféré. La femme ne pourra donc se retrancher derrière le Sénatus-consulte Velléien, et elle se trouvera valablement obligée.

2° Le créancier est de bonne foi : La bonne foi suppose une erreur et l'erreur doit être une erreur de fait, il faut que le créancier ait ignoré que la femme, en s'obligeant, ne le faisait pas pour elle-même.

Du reste, son erreur doit être excusable, et elle ne le serait point si la nature même de l'opération devait tenir son attention en éveil, ou si les renseignements qu'il a négligé de prendre, pouvaient le mettre à même de connaître la vérité.

Tels sont les principes qui dominent cette matière et dont nous allons voir les textes faire une application.

S'il est un cas ou le créancier puisse facilement ignorer que la femme intercède, c'est certainement dans l'hypothèse de la *mutui datio,* alors que la femme emprunte dans l'intérêt d'une autre personne, qui par là, s'en trouve elle-même dispensée. Dans ce cas en effet, la femme apparaît seule dans l'opération; presque toujours le créancier croira qu'elle contracte pour elle seule, aussi son erreur sera-t-elle facilement excusable, vu l'impossibilité où il se trouvera la plupart du temps de connaître la vérité.

Du reste, l'intérêt même de la femme commandait d'écarter dans ce cas l'application du Sénatus-consulte, car, personne n'eut voulu contracter désormais avec elle, dans la crainte que l'opération ne fut entachée de nullité comme constituant une intercession prohibée. C'est ce que dit Paul dans la L. XI, an Dig. h. t. : *Si mulier tanquam in usus suos pecuniam acceperit, alii creditura, non est locus Senatus-consulto : alioquin nemo cum feminis contrahet : quia ignorari potest, quid acturæ sint.* Mais Paul ajoute immédiatement dans la L. 12 : *Imo tum locus est Senatus-consulto quum sit creditor eam intercedere.*

Ainsi donc, si le créancier connaissait le fond des choses, s'il savait réellement que la femme contractait une intercession et empruntait pour le compte d'autrui, le Sénatus-consulte devra s'appliquer, et la femme pourra l'opposer au créancier.

Ce principe paraît contredit cependant par la L. 13, au C., h. t. Nous voyons en effet dans ce texte, la prohibition du Sénatus-consulte Velléien se trouve écartée dans une espèce où le créancier connaissait évidemment que la femme empruntait pour autrui. Mais cette contradiction n'est qu'apparente. Nous savons en effet, que le Sénatus-consulte Velléien n'est applicable que dans l'hypothèse de la *mutui datio* proprement dite, et qu'il faut soigneusement distinguer de la *mutui datio* le cas où la femme emprunte dans l'intérêt d'un tiers, alors que ce tiers n'avait point l'intention de contracter lui-même l'emprunt. Dans ce cas, l'obligation de la femme se trouve parfaitement valable, et le Sénatus-consulte n'est pas d'une application possible.

Or, c'est précisément là l'hypothèse de la L. 13 au Code; et il est alors facile de comprendre comment il se fait que dans ce texte, on ne permette pas à la femme d'opposer l'exception du Sénatus-consulte Velléien à un créancier qui connaissait cependant le but qu'elle poursuivait en empruntant.

Lorsque la femme intercède au moyen d'une personne interposée, le créancier ignorera la plupart du temps l'intercession, mais son erreur sera facilement excusable. Aussi, voyons-nous la L. 32, § 3, au Dig., h. t., déclarer que dans le cas où la femme a donné à un tiers mandat d'intercéder pour elle, le Sénatus-consulte Velléien ne peut pas être opposé au créancier si ce créancier ignorait que la femme eut donné mandat.

Les L. 6 et 7 de notre titre au Digeste, vont précisément nous en fournir un exemple.

Il est de principe que le *procurator ad defendendum* doit donner caution *judicatum solvi*, avec garantie de fidéjusseurs, qu'il s'agisse d'action personnelle ou d'action réelle.

Or, des fidejusseurs se sont ainsi obligés sur un mandat que leur a donné la femme; le *procurator* a été condamné et ils se sont vus forcés d'acquitter la condamnation. Ils se retournent alors contre la femme et lui demandent en vertu de l'action *mandati contraria* ce qu'ils ont ainsi payé. Celle-ci peut leur opposer le Sénatus-consulte, car ces *fidejusseurs* ne peuvent point invoquer leur bonne foi, puisqu'ils ont évidemment connu le mandat que leur a donné la femme. Un seul moyen de recours leur restera donc dans ce cas, ce sera d'intenter contre le *defensor* pour lequel ils se sont portés fidéjusseurs, l'action *negotiorum gestorum contraria*.

Mais abandonnons ce premier point de vue et supposons maintenant que les fidéjusseurs n'ont pas payé, mais qu'ils sont poursuivis par le créancier.

Peuvent-ils alors se retrancher derrière le Sénatus-consulte, et lui opposer l'intercession? Evidemment, si le créancier avait eu connaissance du mandat donné par la femme , et c'est en vain dans ce cas que le créancier soutiendrait que les fidéjusseurs sont intervenus pour le compte du *defensor*. Mais si le créancier ignorait le mandat, sa bonne foi le protégera et le Sénatus-consulte ne pourra pas lui être opposé.

La L. 19. § 5. au Dig. h. t. présente une hypothèse assez compliquée, qui va nous fournir un dernier exemple de ce principe que la bonne foi du créancier le protège contre l'exception du Sénatus-consulte Velléien.

Une femme veut se porter *expromissor* pour un débiteur vis-à-vis de son créancier. Le créancier que nous nommerons *Mœvius* et qui connaît la prohibition du Sénatus-consulte Velléien, refuse. La femme se rend alors chez *Sempronius* et lui fait l'offre de lui emprunter une somme d'argent, sans ajouter cependant qu'elle compte employer cette somme au paiement de ce qui est dû à *Mœvius*. Puis elle s'oblige envers *Sempronius* et lui donne ordre de verser la somme entre les mains de *Mœvius*. *Sempronius* n'ayant pas les fonds à sa disposition, s'engage de son côté vis-à-vis de *Mœvius*.

Dans ces circonstances qu'elle va être la position de *Sempronius* prêteur vis-à-vis de *Mœvius* créancier? Quelle sera celle de la femme vis-à-vis de *Sempronius* ?

Au témoignage d'Africain, Julien avait d'abord songé à refuser à la femme l'exception du Sénatus-consulte lorsque *Sempronius* intentera contre elle l'action *ex stipulatu* ; car disait-il la femme doit-être traitée ici absolument comme si elle avait délégué son débiteur au créancier d'autrui.

Mais cette assimilation n'était pas possible, car en délégant son débiteur, la femme ne contracte aucune espèce d'obligation, puisque son débiteur ne peut exercer aucun recours contre elle, et dans le cas qui nous occupe au contraire la femme est obligée vis-à-vis de *Sempronius*.

Aussi Julien était-il revenu promptement sur cette première opinion et avait-il admis que la femme pourrait effectivement opposer à *Sempronius* l'exception du Sénatus-consulte.

Mais comment concilier cette solution donnée par Julien avec le principe que la bonne foi protège le créancier? Sempronius, nous l'avons vu, a payé à Mœvius, dans l'ignorance que la femme en lui donnant mandat, avait contracté une intercession, or il semble bien que son erreur doit faire écarter l'application du Sénatus-consulte. Sans aucun doute l'erreur du créancier le protège, mais remarquons que pour qu'il en soit ainsi, il faut que cette erreur soit excusable. Or ici est-ce que l'erreur de Sempronius est excusable, la nature de l'opération ne devait elle pas à elle seule, éveiller son attention, et ne lui était-il pas facile d'interroger Mœvius, et d'obtenir de lui des renseignements qui l'auraient infailliblement mis sur la trace de la vérité. Ainsi donc nul échec n'est fait ici au principe que la bonne foi du créancier le protège contre le Sénatus-consulte Velléien, toute contradiction disparait et il ne nous reste plus maintenant qu'à examiner la position de Sempronius lui-même, vis-à-vis du créancier Mœvius.

Le texte décide que Sempronius pourra repousser par une fin de non recevoir tirée du Sénatus-consulte Velléien l'action du créancier Mœvius, s'il vient à découvrir que la femme avait contracté une intercession. Si au contraire il paye malgré cette découverte, tout recours lui est désormais interdit non-seulement contre la femme nous l'avons déjà vu et c'est là une question vidée, mais encore contre Mœvius ; car il ne peut plus intenter contre ce dernier la *condictio indebiti*, puisqu'il a payé en connaissance de cause.

En un mot dans ces deux cas, Sempronius est complètement assimilé à un fidéjusseur s'obligeant pour le compto d'uno femme qui intercède.

Mais supposons qu'il ait payé entre les mains de Mœvius dans l'ignorance de l'intercession? Dans ce cas, il pourra intenter contre Mœvius la *condictio indebiti*, car il a payé dans l'ignorance d'une exception perpétuelle qui le protégeait. Ainsi donc ce texte malgré quelques complications ne fait en définitive que nous présenter l'application du principe même que nous avons précédemment posé touchant la bonne foi du créancier.

L'erreur du créancier n'est pas excusable à raison de la nature même de l'opération, toutes les fois que la femme se laisse déléguer comme étant la débitrice du déléguant, alors qu'elle ne l'est pas. Dans ce cas, le créancier ne pourra pas arguer de sa bonne foi pour faire écarter le Sénatus-consulte, car il devait s'informer et rechercher si la prétendue dette de la femme existait réellement.

Cette proposition ressort évidemment de l'examen de la L. 17. Prin. au. D. h. t. dont voici l'espèce que nous avons eu déjà l'occasion de signaler.

Un mari vend à vil prix une chose à sa femme avec l'intention de lui faire une donation. Dans ce cas la vente est nulle à raison de la prohibition des donations entre époux, donc la femme ne doit pas au mari le prix de la vente quelque modique qu'il soit. L. 38 de cont. empt. Dig. 18. 1. Or, le mari a délégué sa femme à son créancier en qualité de débitrice du prix de vente. Celle-ci pourra opposer l'exception du Sénatus-consulte Velléien et le créancier ne pourra pas se retrancher derrière sa bonne foi, car sa bonne foi est une faute, un homme attentif n'eut pas commis une pareille erreur.

Remarquons cependant que si dans la même espèce, le mari n'avait pas eu l'intention de faire une donation mais bien une vente, en donnant pour objet à sa libéralité la différence entre la véritable valeur de l'objet et le prix fixé, suivant l'opinion de Nératius et de Pomponius qui a triomphée, la vente subsisterait; seulement on frapperait de nullité la remise partielle du prix. Donc, la femme serait obligée jusqu'à concurrence de la valeur actuelle de l'objet vendu, c'est-à-dire dans les limites du profit quelle aurait retiré de l'opération, et par conséquent, elle pourrait être valablement déléguée au créancier de son mari. L. 5. § 5. D. de don. int. Vir. et Ux. 24. 1.

§ IIIe

Exceptions au Sénatus-consulte fondées sur un fait de la femme.

La femme ne peut plus, à raison d'un fait qui lui est personnel, opposer au créancier l'exception du Sénatus-consulte Vellélen, lorsqu'elle a commis un dol : *nam decipientibus mulieribus Senatus-consultum auxilio non est : infirmitas enim fœminarum et non calliditas auxilium demit.* L. 2. § 3. D. h. t. L. 23 et 30. D., 5. et 18. C. h. t.

Il y a dol de la femme lorsqu'elle trompe le créancier en lui faisant croire qu'elle contracte pour elle-même.

Du reste, la question de savoir s'il y a dol dépend des circonstances et d'une appréciation de fait, et le fait constitutif du dol consistera soit dans des manœuvres frauduleuses de la part de la femme, soit dans des réticences calculées. Aussi, voyons-nous la L. 5 au Code h. t. déclarer, qu'il y a dol de la femme et par conséquent que le Sénatus-consulte Velléien ne doit pas s'appliquer dans les circonstances suivantes.

Une femme laisse son mari constituer au profit d'un tiers des hypothèques sur des choses qui lui appartiennent. Elle n'intervient pas au contrat cela est vrai, mais son adhésion quoique cachée, n'en n'est pas moins réelle. Le créancier pourra donc valablement intenter contre elle l'action quasi Servienne, et s'il est en possession et que la femme vienne à revendiquer, il pourra, en invoquant la validité de l'hypothèque, repousser cette revendication par ce motif, que l'hypothèque, a bien été constituée *a non domino* sans doute, mais avec le consentement du propriétaire; et si la femme se retranche derrière le Sénatus-consulte, il lui opposera une fin de non recevoir, tirée de l'erreur dans laquelle elle l'a frauduleusement fait tomber.

Mais devons-nous admettre, qu'il y a toujours et nécessairement dol de la femme, par cela même qu'elle connaissait en intercédant, l'inefficacité de son intercession? La L. 30 au D. h. t. semble bien le décider ainsi: *vel quum sciret se non teneri,* mais nous pensons, qu'il faut sous-entendre dans ce texte; que le créancier ignorait l'intercession et que la femme l'a frauduleusement maintenue dans cette erreur.

Une femme interrogée en justice sur la question de savoir si elle est oui ou non héritière, répond mensongèrement qu'elle est héritière. L. 23. au Dig. h. t. Dans ce cas, il y a dol de la femme, et le jurisconsulte déclare que son intercession sera frappée d'inefficacité.

Il n'y a pas lieu non plus d'appliquer le Sénatus-consulte à raison du fait de la femme dans les circonstances suivantes.

1° La femme a fait adition de l'hérédité du débiteur pour qui elle a intercédé. Dans ce cas, le créancier peut la poursuivre ou au moyen de l'action restitutoire, ou au moyen de l'action directe : *nihil enim ejus interest qua actione conveniatur.* L. 8. § 13. Dig.

2° Sachant que le débiteur pour lequel elle a intercédé, se trouve sous le coup des poursuites du créancier, la femme s'offre elle-même au procès. Dans ce cas, elle peut volontairement se priver de l'exception du Sénatus-consulte, si le créancier avant d'aller *in jus*, exige qu'elle donne caution de ne pas demander au magistrat dans la formule *l'exceptio Senatus-consulti Velleiani.* L. 32. § 4. au D. h. t.

2° La femme, soit au moment de l'intercession,

soit plus tard, a reçu une indemnité quelconque égale ou non au préjudice que son engagement lui fait éprouver. Déjà avant Justinien, le Sénatus-consulte Velléien n'était applicable, que si la femme était exposée à subir une perte, L. 16. Prin. et L. 21. Prin. Mais Justinien, voulant mettre fin aux difficultés d'appréciation que cette règle entraînait, décida, que sans faire aucune distinction, la femme ne pourrait plus invoquer le bénéfice du Sénatus-consulte Velléien, dès qu'elle aurait reçu une somme quelconque pour intercéder. *Aliquid accipiens ut sese interponat*. L. 23, C.

4° Dans le dernier état du droit Romain, les femmes peuvent obtenir par rescrit la tutelle de leurs descendants légitimes ou naturels sous la condition qu'elles s'engageront solennellement à ne pas se remarier. (*Auth. Matri et aviæ et seq*. et *L. 3, C. Quand mul. tut. off. fung. Pot.* 5-35.) Justinien ajouta qu'elles devaient, en outre, renoncer à invoquer le bénéfice du Sénatus-consulte Velléien.

Enfin, toujours dans le dernier état du droit Romain, la femme pouvait renoncer au Sénatus-consulte Velléien, en renouvellant au bout de deux ans son intercession. L. 22. au C.; car, dit Justinien, une volonté ainsi répétée doit faire présumer qu'il y a chez la femme un intérêt particulier qui la porte à intercéder : *videtur pro sua causa aliquid agere*.

Remarquons du reste, que cette confirmation ne

sera valable que si la femme était majeure, *perfectæ ætatis*, lors de la seconde intercession, qu'elle le fut ou non lors de la première ; car c'est la seconde intercession seule qui l'oblige sans effet rétroactif : *ex secunda cautione sese obnoxiam facere*. Mais, du reste, nous aurons occasion de revenir sur ce point en traitant spécialement des innovations de Justinien en matière d'intercession.

Et maintenant, en dehors des trois cas que nous venons de citer, faut-il admettre que la femme peut en intercédant, renoncer au Sénatus-consulte ?

Et tout d'abord, si une pareille proposition est admise, on s'aperçoit bien vite que la prohibition du Sénatus-consulte Velléien va pouvoir être éludée avec la plus grande facilité ; elle le sera même toujours, car il est bien évident, qu'avant d'accepter une femme comme débitrice, aucun créancier ne manquera d'exiger qu'elle renonce au droit d'invoquer plus tard l'inefficacité de son engagement, et la même illusion, la même incapacité qui a déterminé l'intercession, la portera infailliblement à cette renonciation.

Il faudrait donc pour qu'on put admettre une pareille doctrine, qu'on la trouva formellement consacrée dans les fragments du digeste et du code.

Or, les textes les plus précis à cet égard, sont précisément ceux qui contiennent les trois dernières exceptions que nous avons citées. La ques-

tion est donc de savoir si l'on doit considérer ces
trois décisions comme l'expression d'une règle
générale, suivant laquelle la femme pouvait à l'a-
vance répudier la protection du Sénatus-consulte.
La question a toujours été controversée.

Pour l'affirmative, qui est soutenue par Voet,
Perezius et beaucoup d'autres, on invoque cette règle :
*Omnes licentiam habere, his, quæ pro se intro-
ducta sunt, renuntiare.* L. 29, C. de Pact. II, 3.
On ajoute qu'il est permis à la femme de ne pas
invoquer l'exception devant le prêteur, comme
aussi de payer et de ne pas répéter, en d'autres
termes, de renoncer tacitement au bénéfice du
Sénatus-consulte ; or, à plus forte raison, doit-elle
pouvoir le faire par un pacte exprès. Toutefois, on
admet une restriction : il faut, dit-on, qu'avant la
renonciation, la femme ait été instruite de son droit,
en un mot qu'elle renonce en connaissance de cause.
On croit trouver l'application de cette doctrine dans
les trois dernières exceptions que nous avons citées,
et qui nous montrent en effet la femme renonçant
au Sénatus-consulte.

Dans l'opinion contraire, soutenue notamment
par Doneau, Gérard, Noodt, Antoine Favre, Vinnius,
on répond qu'une pareille renonciation est un pacte
contraire aux lois, auquel il y a lieu, par conséquent, d'appliquer la règle : « *Pacta quæ contra
leges constitutionesque, vel contra bonas mores
fiunt, nullam vim habere indubitati juris est.* »

L. 6. C. de Pact. II, 3. Adde. D. L. 7, § 7, de Pact. II, 14. A l'argument qui consiste à dire que la femme, pouvant ne pas opposer l'exception, ou bien ne pas répéter lorsqu'elle a payé, renonce tacitement par là même au bénéfice du Sénatus-consulte, on répond que cette renonciation ne lie pas la femme, puisqu'il est toujours temps pour elle d'invoquer l'exception, même après la sentence rendue et jusqu'à l'exécution ; et puisque, d'ailleurs, la *con dictio indebiti* peut toujours être intentée.

On fait en outre remarquer que renoncer à invoquer le Sénatus-consulte Velléien contre un créancier, c'est véritablement s'obliger envers lui et s'obliger dans l'intérêt du tiers qui a déjà profité de la première obligation de la femme, c'est précisément une seconde *intercessio* antée sur la première. Or, dans un cas analogue, lorsqu'une femme a promis à une autre personne, à qui elle a été déléguée, ce qu'elle devait au déléguant en vertu de l'*intercessio*, la L. 19, au D. de nov. XLVI, 2, nous dit que cette seconde promesse n'a pas plus d'efficacité que la première, et que la femme peut opposer l'exception au délégataire, *nam et in secunda promissione intercessio est*. La renonciation faite par la femme parait bien devoir être soumise à la même règle. Ne serait-ce pas, en effet, aller véritablement contre l'intention du législateur, que d'autoriser cet acte, alors même que la femme est instruite de son droit ? Rencontre-t-on dans la renon-

ciation ainsi faite, appauvrissement immédiat, qui
seul aux yeux des Romains, constitue un avertisse-
ment suffisant pour éclairer la femme sur les
conséquences de sa conduite? Ne serait-ce pas un
moyen d'échapper au Sénatus-consulte, une fraude
employée pour éluder ses prohibitions, et n'y a-t-il
pas lieu d'appliquer ici ce que dit Paul, dans la L. 29,
§ 1ᵉʳ « *Ea quæ in fraudem Senatus-consulti...,
ex cogitata probari possunt, rata haberi non
oportere.* »

Rien ne prouve donc qu'il faille généraliser les
exceptions que nous avons mentionnées; d'abord,
parce qu'il est difficile de supposer qu'un principe
aussi important ait été purement et simplement
sous-entendu par les jurisconsultes; en outre, parce
que deux de ces exceptions n'ont été introduites
que dans la législation du bas empire, et que des
motifs particuliers les ont fait établir. Quant à celle
qui est contenue dans la L. 32, § 4, et qui résulte de
ce que la femme, qui veut prendre en justice la place
de celui pour lequel elle a intercédé, est admise à le
faire en donnant caution de ne pas se prévaloir ultérieurement de l'exception, c'est la conséquence de
ce que la femme peut payer pour le débiteur. Payer
ou assumer sur soi la condamnation éventuelle qui
menace un tiers, sont deux actes analogues dans
leurs effets. (L. 24, D. de sol., 46, 3.) Quand la
femme s'expose à être condamnée pour quelqu'un,
on ne peut pas dire qu'elle ne songe pas aux résul-

tats que son acte peut avoir dans l'avenir ; ils sont trop prochains pour ne pas arrêter son attention, et le prêteur ne manquera pas de le lui rappeler ; donc c'est presque un paiement qu'elle fait ; elle paierait même immédiatement si elle n'avait quelque doute au sujet de l'existence de la dette. En pareil cas, il est donc tout simple que le créancier demande à ce que la défenderesse lui garantisse qu'elle ne se soustraira pas à l'effet de la sentence, en invoquant l'exception contre l'action *judicati*.

Mais ce n'est pas à dire, par cela même, que la femme pouvait renoncer à la protection du Sénatus-consulte au moment où elle intercédait, alors qu'elle n'était pas plus capable de calculer la portée de sa renonciation que son *intercessio* elle-même. La situation est loin d'être identique dans l'un et l'autre cas, et l'on ne peut pas, sans danger, conclure de la première hypothèse à la seconde.

Ayant admis que la prohibition du Sénatus-consulte est fondée surtout sur un motif d'ordre politique, et, comme le dit Vinnius, *publicæ honestatis causa, quod intercedere civile et virile officium videatur*, il n'est pas possible d'admettre qu'il pût être question, en principe, d'une renonciation de la femme à une mesure prise contre elle, et que le prêteur appliquait souvent sans la consulter. C'est là ce qui peut expliquer le silence des textes sur ce point.

Cependant, en fait, il ne paraît pas impossible

que le magistrat tint compte d'une renonciation
faite en pleine connaissance de cause par la femme,
car le principe qui domine toute la matière est
celui-ci : « *decipientibus mulieribus Senatus-
consultum auxilio non est; infirmitati, non
calliditati mulierum consultum est. (L. 5, C.
in f.)*

Si c'est au contraire, le créancier qui a fait souscrire la femme à une renonciation dont elle n'a pas
bien pesé les conséquences, le prêteur n'y aura pas
égard. De sorte qu'on pourrait peut-être appliquer
à la question qui nous occupe ce qu'Ulpien nous dit
pour une autre hypothèse : « *Puto autem inspi-
ciendum a prætore quis captus sit. (L. XI, § VI,
D. de min. 4, 4.)*

CHAPITRE 3ᵉ.

Effets du Sénatus-consulte Velléien.

Les effets du Sénatus-consulte Velléien sont de
différente nature suivant qu'ils ont trait à la femme
ou au créancier vis-à-vis duquel elle s'est obligée.

En ce qui concerne la femme, ces effets consistent tantôt dans un refus d'action fait au créancier,
tantôt dans une exception ou une réplique donnée à

la femme, ou enfin dans une *condictio indebiti* ou
une revendication qu'elle peut intenter, et cela suivant les circonstances.

Relativement au créancier, le Sénatus-consulte a
pour effet de le remettre dans la même position où
il se trouvait vis-à-vis de son débiteur primitif. Nous
verrons même, que dans certains cas on va encore
plus loin, en ce qu'on crée à son profit une action
qui n'existait pas, et on lui permet de l'exercer
contre une personne qui n'a jamais été son débiteur.

Mais remarquons, que tous ces effets ne dérivent
pas du Sénatus-consulte Velléien lui-même, qui
s'occupait seulement de protéger la femme sans
s'inquiéter du créancier. Or qu'arrivait-il, c'est que
toutes les fois que l'intercession de la femme avait
complètement libéré le débiteur primitif, le créancier se trouvait complètement lésé, car il avait perdu
sa première action et se voyait dans l'impossibilité
d'exercer la seconde; et par conséquent éprouvait
une perte sèche au grand avantage de son débiteur
primitif qui se voyait ainsi libéré et de l'action du
créancier et du recours que la femme aurait pu
exercer contre lui, résultat complètement injuste.

Aussi le prêteur, suppléant comme c'était sa coutume et équitablement aux lacunes du Sénatus-consulte, avait-il spécialement protégé le créancier.

Les différents bénéfices qui sont accordés à la
femme : Exception, réplique, etc., sont complète-

ment facultatifs et non pas obligatoires pour elle, elle peut donc à son choix user de la protection que la loi lui accorde, ou se retourner contre la personne pour qui elle a intércédé. Loi 31 au D. h. t,

Et maintenant arrivons aux détails mêmes des effets du Sénatus-consulte que nous allons éxaminer d'abord relativement à la femme et aux personnes qui de son chef, peuvent en invoquer le bénéfice; et ensuite relativement au créancier lui-même.

SECTION PREMIÈRE.

Effets du Sénatus-consulte par rapport à la femme et aux personnes qui peuvent l'invoquer de son chef.

§ 1. — *Refus d'Action.*

Le premier effet du Sénatus-consulte Velléien, le plus simple et le plus radical, est le refus fait au créancier de toute action qu'il voudrait intenter contre la femme et qui aurait sa source dans l'intercession qu'elle **a** contractée. Du reste, ce premier effet est spécialement prévu par le texte même du Sénatus-consulte Velléien en ces termes : *ne eo*

*nomine ab his petitio datur neve in has actio
detur*. L. 2, § 1ᵉʳ au Dig.

Ainsi donc, toute action soit personnelle, soit
hypothécaire, sera refusée au créancier, s'il est bien
prouvé dans l'instance *in jure* devant le prêteur,
que l'obligation contractée par la femme constitue
bien une intercession prohibée.

Mais s'il s'élève des difficultés touchant la question
de savoir si l'obligation contractée par la
femme constitue ou ne constitue pas une intercession,
ou si le créancier prétend que l'intercession
doit-être validée, car l'on se trouve dans l'un des
cas d'exception au Sénatus-consulte Velléien ; dans
ce cas, le prêteur délivrera au créancier la formule
qu'il demande, mais en insérant dans cette formule
l'exceptio Senatus-consulti Velleiani et renverra
les parties devant le juge pour faire juger leur différent.

§ II.

Exception. Réplique.

Nous venons de voir que l'exception du Sénatus-
consulte était insérée dans la formule, toutes les fois
qu'il y avait doute sur la question de savoir si l'obligation
contractée par la femme constituait une in-

tercession ou si l'on se trouvait dans l'un des cas ou exceptionnellement la femme se trouve valablement obligée.

On n'en connaît pas la formule, mais on peut présumer cependant qu'elle était ainsi conçue : *si nihil in ea re contra Senatus-consultum factum sit.*

Du reste, ce moyen de défense tiré du Sénatus-consulte Velléien, pouvait se présenter non-seulement sous forme d'exception proprement dite, mais encore de réplique, c'est-à-dire d'exception à une exception. Nous allons le voir par quelques exemples.

Une femme a vendu et livré son fonds sous cette condition que l'acheteur libérerait par acceptilation son propre débiteur, que ce débiteur soit le mari de la femme, ou tout autre peu importe. Plus tard la femme revendique. L'acheteur lui oppose alors l'exception *rei venditæ* et *traditæ* et la femme répond alors par la réplique : *aut si ea venditio contra Senatus-consultum facta sit.* L. 32. § 2. au. D. h. t.

Et en effet, qu'a fait la femme : elle a pris l'engagement de faire avoir un immeuble à un créancier, sous la condition nous l'avons vu, que celui-ci libérerait son débiteur. Elle a donc contracté une obligation dont le prix est un avantage pour autrui, ce qui constitue bien une intercession.

Mais remarquons qu'il n'y aurait pas d'intercession de sa part (comme le prévoit la L. 4. au. C.

in fine), si elle avait purement et simplement
vendu son immeuble, puis ensuite en avait employé le prix à acquitter la dette du mari où du tiers.
Dans ce cas en effet, il n'y a pas d'obligation contractée, et par conséquent, pas d'intercession prohibée.

Autre exemple de réplique qui nous est fourni
par la L. 32 § I° au D. h. t.

Une femme constitue un gage pour sûreté de la
dette d'autrui. Dans ce cas, pas de difficulté si la
femme revendique, le créancier ayant encore l'objet
entre les mains, à son exception tirée de la convention du gage, la femme lui répondra par la *replicatio Senatus-consulti Velleiani.*

Mais supposons que le créancier gagiste ait vendu
et livré l'objet mis en gage par la femme. Dans ce
cas, la question de savoir si la femme pourrait exercer la revendication contre le tiers acquéreur avait
élevé des doutes. Du reste, le texte décide qu'elle
avait été résolue dans le sens de l'affirmative; et par
conséquent, que la revendication de la femme sera
possible par cette raison : que le créancier n'a pas
pu transférer plus de droits qu'il n'en n'avait lui
même. (L. 39. § I° et L. 40 *Dig. de rei vind.*
6. I°).

Nous savons maintenant sous quelle forme peut
se présenter le moyen de défense tiré du Sénatus-
consulte Velléien ; examinons le donc au point de
vue de son caractère, des personnes qui peuvent

l'invoquer et de celles auxquelles il peut être opposé, enfin des effets mêmes qu'il peut produire.

§ III.

Caractère de l'exceptio Senatus-consulti Velleiani.

L'exception tirée du Sénatus-consulte Velléien, est péremptoire ou perpétuelle; de plus elle est *rei coherens*, c'est-à-dire qu'elle est attachée non pas à la personne, mais à la chose. L. 3 et L. 7. § I° *au Dig. de except.* 44. I°.

Le caractère de perpétuité de l'exception du Sénatus-consulte Velléien, présente même ceci de remarquable, qu'il est plus étendu qu'à l'ordinaire. Ordinairement en effet, lorsqu'un débiteur n'a pas fait insérer dans la formule de l'action l'exception qui le protégeait, il peut, sans aucun doute, s'il y a erreur de sa part et si l'exception est perpétuelle, se faire restituer *in integrum* contre la formule qui lui a été délivrée et y faire substituer une autre formule, dans laquelle sera introduite l'exception qui le protége. Mais il doit le faire avant d'avoir été condamné, car une fois la condamnation prononcée par le juge, l'action *judicati* qui en résulte ne peut plus être paralysée. L. 2. C. *sent. resc. non.* Pojs. 7, 50. L. 4 et 8 *de exceptionibus.* C. VIII, 36.

Au contraire, l'exception du Sénatus-consulte Velléien présente ceci de remarquable, qu'on peut s'en prévaloir, même après que la sentence a été prononcée, contre l'action *judicati*, et se soustraire ainsi à la condamnation. L. XI au D. *de senat. con. Macer.* XIV, VI.

Quant au second caractère de l'exception *Senatus-consulti Velleiani*, celui d'exception *rei cohœrens*, nous allons en étudier les conséquences, en examinant quelles sont les personnes qui peuvent profiter de cette exception.

§ 4.

Des personnes qui peuvent invoquer l'exception du Sénatus-consulte Velléien.

L'exception du Sénatus-consulte Velléien étant, comme nous l'avons vu, *rei cohœrens*, peut être invoquée par toute personne qui se trouverait obligée par suite de l'intercession. Elle appartient donc, non-seulement à la femme elle-même, mais encore :

1° A ses héritiers, L. 20, C. h. t.

1° A ses mandataires, L. 30, § 1er, D. h. t.

3° A ses fidéjusseurs, sans qu'il y ait à distinguer si les fidéjusseurs se sont engagés ou non sur le mandat de la femme, et par conséquent, s'ils ont un recours contre elle, ou s'ils n'en n'ont pas. L. 16, § 1er au Dig. h. t. L. 7, § 1er *de except*. L. L. 14 et 15, C. h. t.

Du reste, cette solution n'avait pas triomphé sans contestation. Le jurisconsulte Gaïus Cassius prétendait en effet, qu'il fallait distinguer. Le tiers s'est-il porté fidéjusseur en vertu d'un mandat de la femme, ou bien comme gérant d'affaire en ayant l'intention de recourir contre elle par l'action *mandati* ou *negotiorum gestorum contraria*; à supposer qu'il soit obligé de payer, il peut, disait-il, invoquer du chef de la femme l'exception du Sénatus-consulte Velléien; s'est-il obligé, au contraire, *animo donandi*, c'est-à-dire en abdiquant d'avance toute idée de recours contre la femme, l'exception du Sénatus-consulte n'était plus possible.

Gaïus Cassius avait été amené à cette distinction en raisonnant par analogie de ce qui se passait dans l'application du Sénatus-consulte Macédonien.

En effet, lorsqu'un fils de famille, avait en empruntant de l'argent, donné un fidéjusseur à son créancier, la question de savoir si l'exception du Sénatus-consulte était *rei* ou *personnæ cohærens*, était résolue dans deux sens différents, suivant que l'action du créancier contre le fidéjusseur était ou non de nature à réfléchir contre le débiteur principal. (L. 9, § 3, au Dig. *de sen. cons. Maced.* XIV, VI.) Mais l'analogie n'était qu'apparente, et l'opinion de Gaïus Cassius ne pouvait pas triompher. D'abord, la distinction entre le cas où le fidéjusseur de la femme s'est obligé en conservant son recours contre elle ou en y renonçant à l'avance, était purement arbitraire ; car, pas plus dans l'une que dans l'autre hypothèse, ce recours ne devait aboutir, la débitrice principale pouvant opposer l'*exceptio Senatus-consulti Velleiani* au fidéjusseur, tout aussi bien qu'à l'action du créancier.

Maintenant, fallait-il traiter le fidéjusseur de la femme intercédante, et cela dans tous les cas, comme on traitait le fidéjusseur du fils de famille emprunteur, lorsque le fidéjusseur s'était obligé *donandi animo ?* En aucune façon, car il ne faut pas perdre de vue que le Sénatus-consulte Velléien, à la différence du Macédonien, effaçait, non-seulement l'obligation civile, mais encore l'obligation naturelle ; d'où il suivait qu'il était impossible que la fidéjussion put se soutenir. Tandis, qu'au contraire, le Sénatus-consulte Macédonien, laissait subsister l'obligation naturelle qui pouvait servir de base à l'engagement d'un fidéjusseur. Aussi, le jurisconsulte Julien avait-il fait décider que l'*exceptio Senatus-consulti Velleiani* pourrait toujours, à titre d'*exceptio rei cohœrens*, être opposée par le fidéjusseur : *quia totam obligationem improbat.* (L. 16, § 1 au D. ad. S, *con. vel.*

4° Au tiers qui a hypothéqué sa chose, comme garantie de l'obligation contractée *pro alio* par la femme. Ce tiers est assimilé à un fidéjusseur et il n'est pas autre chose, en effet, qu'une caution réelle. L. 2, *quœ res. Pig*. Dig. 20, 3.

5° Au délégué de là femme, alors que la femme a délégué une personne qui n'était pas son débiteur. (L. 8, §§ 4 et 6 au Dig. h. t.) Ce délégué était encore assimilé à un fidéjusseur.

6° Au fidéjusseur du débiteur principal, lorsque de bonne foi et au su du créancier, il est ainsi intervenu pour autrui sur un mandat que lui a donné la femme. LL. 6, 30, § 1er et 32, § 2 au Dig. h. t.

Si le créancier avait été de bonne foi, son action ne pourrait plus être repoussée par le fidéjusseur, lequel, d'autre part, n'aurait aucun recours contre la femme et serait victime de son imprudence qui profiterait au débiteur. Mais ce serait là un résultat rigoureux. Aussi Papinien indique-t-il à la L. 7 un moyen équitable de s'y soustraire ; ce moyen, c'est de donner au fidéjusseur une action *negotiorum gestorum* contre le débiteur.

§ V.

*A qui l'exception du Sénatus-consulte Velléien
peut-elle être opposée.*

L'exception du Sénatus-consulte Velléien peut
être opposée à toute personne voulant exercer une
action dont la cause se trouverait dans l'intercession
de la femme.

Elle peut donc être opposée, non-seulement au
créancier lui-même vis-à-vis duquel la femme a
intercédé, mais encore au fidéjusseur de la femme
et à toute autre personne exerçant contre la femme
une action *negotiorum gestorum* ou *mandati
contraria*. L. 7 et 32, § 3, au Dig. h. t. Soit, enfin,
contre celui qui la poursuit par l'action *ex stipulatu*
dans les circonstances indiquées à la L. 19, § 5 et
qu'Africain assimile au fidéjusseur de la femme.

§ VI.

*Effets de l'exceptio Senatus-consulti Velleiani
condictio indebiti.*

Nous avons vu que le refus d'action dans l'instance *in jure* ou l'exception du Sénatus-consulte

Velléien dans celle *in judicio*, protégeaient la femme contre les conséquences de son intercession. Mais, remarquons que ces deux moyens de défense ne peuvent véritablement lui servir qu'autant qu'elle est actionnée pour avoir à payer ce à quoi elle s'est obligée en vertu de son intercession. Si elle a payé au contraire, ces deux moyens de défense ne lui suffisent plus, mais elle pourra, suivant les circonstances, intenter soit la *condictio indebiti*, soit la revendication, c'est ce que nous allons examiner.

Lorsque la femme paie spontanément la dette d'autrui, c'est-à-dire lorsque le paiement qu'elle fait ainsi n'est pas l'exécution d'une intercession qu'elle a précédemment contractée, tout recours par la *condictio indebiti* lui est interdit; car nous avons vu qu'un pareil paiement était parfaitement valable et n'était point prohibé par le Sénatus-consulte Velléien. L. 4, § 1er, au Dig. h. t.

Il en sera de même si elle paie bien en exécution d'une intercession préexistante, mais sachant très bien qu'elle pouvait se retrancher derrière le Sénatus-consulte et par conséquent ne pas payer. *Indebitum solutum sciens non recte repetit.* L. 9 au C. *de cond. ind.* IV, 5. Mais si, au contraire, elle n'a payé que précisément parce qu'elle ignorait la protection que lui accordait le Sénatus-consulte Velléien, mais dans ce cas seulement, elle pourra intenter contre le créancier la *condictio indebiti*. L. 24, L. 26, § 3, L. 40, Dig. *de cond. ind.* XII, 6.

Mais ici, pourrait-on dire, la femme commet une erreur de droit, en payant ainsi alors qu'elle pourrait ne pas le faire. Or, l'erreur de droit met obstacle à l'exercice de la *condictio indebiti*. L. 10, C. *de jure et fact. igno.* 1, 18. Cette objection ne peut pas nous arrêter et il nous est facile d'y répondre ; et d'abord, la question de savoir si l'erreur de droit peut mettre ou ne pas mettre obstacle à l'exercice de la *condictio indebiti* est une question controversée parmi les jurisconsultes, question, du reste, que nous n'avons pas à examiner ici, car elle est en dehors de notre sujet. Mais, en admettant même l'affirmative, il faudrait au moins reconnaître que nous nous trouvons ici dans un cas exceptionnel. Et en effet, l'erreur de droit ne s'oppose pas à la répétition, quand elle émane de personne chez qui elle est excusable ; or, elle est excusable chez un mineur de vingt-cinq ans, un militaire, un homme de campagne, enfin une femme L. IX au Dig, *de jur. et fact. ignora* XXII, VI.

Donc, le créancier, pour repousser la *condictio indebiti*, devra prouver que la femme connaissait effectivement la protection que lui offrait le Sénatus-consulte Velléien. (L. 25, § 1ᵉʳ, au Dig. *de Prolat.* XII, 3.)

Lorsque la femme délègue son débiteur au créancier d'autrui, c'est absolument comme si elle faisait un paiement ; elle pourra donc, comme dans le cas précédent, intenter la *condictio indebiti.* L 8, § 3, au Dig. Mais que va-t-il arriver, si le tiers que la femme a ainsi délégué s'est obligé vis-à-vis du créancier par suite d'une erreur, se croyant fausse_ment le débiteur de la femme ? Dans ce cas, le tiers pourra, s'il n'a pas encore payé, intenter contre le créancier la *condictio incerti*, pour que celui-ci le libère par acceptilation, ou bien opposer à son action l'exception *doli mali*. L. 7, § 1er, au dig. *de doli mali et met. except.* 44, 4, et 2 § 4 *de donat.* au Dig. 39, 5. Si, au contraire, il a payé, il peut exercer la *condictio indebiti*.

§ VII.

Revendication.

Lorsque la femme a vendu et livré sa chose, ou lorsqu'elle l'a hypothéquée ou constituée en gage, en exécution d'une intercession qu'elle a contractée, la *condictio indebiti* ne peut plus la protéger. Mais elle revendiquera soit le droit entier, soit simplement le démembrement du droit de propriété qu'elle a ainsi aliéné. Avec le fonds elle obtiendra la restitution des fruits, et, s'il y a des détériotations, il doit lui en être tenu compte.

Du reste, la revendication peut être exercée, non-seulement contre le créancier lui-même, mais encore contre le tiers acquéreur de l'objet livré par la femme, alors même qu'il serait de bonne foi. Car, le créancier vendeur n'a pu transmettre à l'acheteur plus de droit qu'il n'avait lui-même. L. 32, § 1ᵉʳ au Dig. h. t. L. 39, § 1ᵉʳ et L. 40 D. *de rei vindicatione.*

Rappelons enfin ici que le créancier de bonne foi, c'est-à-dire qui a ignoré l'intercession de la femme, ne peut pas se voir objecter l'exception du Sénatusconsulte Velléien. Il pourra donc la paralyser par une *replicatio doli,* si l'on se trouve dans l'un des cas où le créancier a ignoré l'intercession. L. 18, C. L. 7, c. h. t.

§ VIII.

De la suppression de l'obligation naturelle.

Nous venons de voir que la femme pouvait répéter, au moyen de la *condictio indebiti,* ce qu'elle avait payé en exécution de l'intercession qu'elle avait contractée, et nous sommes ainsi amenés à reconnaître qu'elle n'était pas même tenue naturellement. Et en effet, il est de principe en droit Romain, que celui qui acquitte une obligation naturelle ne peut plus répéter ce qu'il a payé, puisque le principal effet de l'obligation naturelle est précisément d'exclure la *condictio indebiti*. L. 13, L. 19, Dig. *de cond. ind.* XII, 6.

Du reste, il nous est facile d'apporter encore d'autres preuves à l'appui de la proposition que nous venons de formuler. N'avons nous pas vu en effet, que dans l'opinion qui avait prévalu, le fidéjusseur d'une intercession ne doit pas être tenu : *nam totam obligationem Senatus-consultum improbat,* et, par conséquent, qu'il peut opposer l'exception du Sénatus-consulte Velléien, alors même qu'il se serait obligé *animo donandi,* L. 16, § 1er au Dig. h. t. Or, il est de toute évidence qu'une pareille solution est inconciliable avec l'idée du maintien de l'obligation naturelle, puisqu'une obligation de ce genre peut être valablement cautionnée.

Autres preuves encore. En règle générale, toute obligation naturelle peut être novée, et le gage et l'hypothèque constitués pour la garantie, sont parfaitement valables. Or, précisément la L. 19 *de novationibus* au Dig. ne permet pas de nover l'obligation qui résulterait d'une intercession, et la L. 2 *quæ. res. Pig. vel. hy.* au Dig. 20, 3, n'admet pas la validité du gage ou de l'hypothèque constitués pour la garantir. Nous devons donc nécessairement conclure de cet ensemble de preuves que l'exception du Sénatus-consulte Velléien fait disparaître même l'obligation naturelle. C'est, du reste, ce que les textes expriment : *Senatus-consultum totam obligationem improbat.* L. 16, § 1er, Dig. h. t. Et, maintenant, avant de passer aux effets du Sénatus-consulte relativement au créancier vis-à-vis de qui la femme s'est obligée, examinons rapidement la question de savoir si l'obligation de la femme qui a intercédé est éteinte *ipso jure* ou simplement *exceptionis ope*.

L'affirmative est généralement admise, la femme, dit-on, n'est secourue qu'*exceptionis ope*, elle reste donc obligée au point de vue du droit civil. Le prêteur ne devra donc jamais d'office accorder à la débitrice le bénéfice du Velléien, et si le juge ne trouve pas l'exception dans la formule, il lui sera impossible de la suppléer et il devra par conséquent, condamner la femme. C'est en effet ce que l'on décide, toutes les fois qu'un débiteur a été libéré par un mode qui n'a pas la puissance d'éteindre l'obligation en droit civil, *ipso jure*; mais seulement par un mode que le prêteur, dans son équité, consent à prendre en considération, *exceptionis ope*, par exemple un pacte de remise.

Cette première opinion, quoi qu'elle soit soutenue par de bien savants auteurs, ne nous paraît cependant pas admissible, car aucun texte ne fait mention de cette prétendue obligation *ipso jure*, et nous n'apercevons aucune bonne raison pour l'admettre ici. Remarquons, en effet, la différence qui existe entre le sénat et le prêteur. Le prêteur, lui, ne crée pas le droit civil, et l'on comprend alors qu'il soit obligé d'avoir recours à des moyens détournés pour refuser tout effet à une obligation que le droit civil reconnaît comme valable. Or, il n'en n'est pas de même du sénat, et il n'a pas à éprouver le même scrupule, puis que les sénatus-consultes sont l'une des sources du droit civil lui-même. Le sénat peut donc directement anéantir une obligation que le droit civil reconnaissait comme valable ; et cela d'autant plus, dans notre hypothèse, que déjà avant le Sénatus-consulte Velléien, le droit civil lui-même repoussait l'obligation de la femme contractée pour autrui, et que ce Sénatus-consulte n'a fait véritablement qu'anéantir les doutes qui s'étaient élevés à cet égard. Et d'ailleurs, est-ce que les termes du Sénatus-consulte lui-même ne viennent point confirmer cette opinion ? Est-ce qu'il a parlé d'exception ? Tout au contraire, il ordonne au magistrat de refuser toute action contre la femme ; or, refuser l'action, n'est-ce point véritablement déclarer la nullité de l'obligation.

Il est vrai qu'en pratique on rencontre bien l'exception du Sénatus-consulte Velléien, mais il est facile d'en donner la raison. Cette exception n'est en définitive qu'une forme de procédure introduite par le prêteur pour sa propre commodité, pour se dispenser en un mot, de vérifier lui-même les faits allégués par les parties et en renvoyer l'examen au juge.

De plus, si l'opinion que nous combattons doit être admise, il faut évidemment reconnaître que les effets du Sénatus-consulte varieront d'après les circonstances, d'après la nature même de l'acte qui constitue de la part de la femme une intercession prohibée. Car si la femme à intercédé, par exemple, en s'engageant par un pacte de constitut à payer pour un tiers à tel jour fixe, ou bien si elle a hypothéqué son bien, ou encore si elle s'est porté *defensor* pour autrui, dans ces différents cas, il est bien impossible d'admettre l'existence d'une obligation civile, puisque le droit civil lui-même n'admet pas que la femme, pas plus que toute autre personne puisse ainsi être obligée.

Et d'ailleurs, est-ce que le prêteur est tenu d'attendre que la femme invoque le Sénatus-consulte Velléien pour en appliquer les effets ; pas le moins du monde. Nous verrons en effet, bientôt qu'il donne au créancier dès que celui-ci le demande, l'action qui existait avant l'intercession de la femme contre le débiteur originaire ; et il la lui donne alors même que la femme aurait payé et malgré la présomption qu'on pourrait tirer de là, pour dire qu'elle n'entend pas user de la protection du Sénatus-consulte. Enfin cette action dite restitutoire appartient au créancier alors même qu'il a libéré la femme par acceptilation, car dit Ulpien, *inanem demisit obligationem*. L. 8. § 9. au D. h. t.

Tout donc, jusqu'à présent, tend bien à démontrer que l'obligation est bien réellement éteinte *ipso jure*, et non pas seulement *exceptionis ope*.

Mais ce n'est point tout, et voici d'autres preuves encore :

En effet, les conséquences attribuées par la Loi 8, § 12, à la confusion résultant de ce que le créancier succède à la femme intercédante, montrent bien encore qu'il n'y a en droit civil, *ipso jure*, aucune obligation à la charge de celle-ci. Si une pareille obligation existait, le créancier devrait être sans recours contre le débiteur originaire, parce qu'il ne peut profiter d'un bénéfice réservé à la femme. Cependant le préteur lui rend l'action primitive, *cum non obligatæ cum eflectu successerit.* (L. 8, § 12, D. h. t.) De même le créancier héritier de la femme r.e peut, pour le calcul de la quarte Falcidie, compter parmi les dettes de la défunte ce qu'elle devait *intercessionis causa.* Ce qu'il aurait évidemment le droit de faire s'il était obligé *ipso jure*, puisqu'alors il pourrait payer et négliger le bénéfice du S. C.

Citons encore la loi 48, *de fidej.*, D. 46, 1, de laquelle il ressort bien clairement que la femme n'est pas obligée *ipso jure* par son inte.cession. Cette loi ne permet pas au cofidéjusseur de la femme d'invoquer le bénéfice de division, *cum scire potuerit aut ignorare non debuerit mulierem frustra intercedere*, tandis qu'au contraire le majeur cofidéjusseur d'un mineur obtiendrait ce bénéfice malgré la possibilité d'une *restitutio in integrum.*

Le juge peut, comme le préteur, suppléer d'office

l'exception du S. C. Velléien. Cela ne peut paraître douteux si l'on songe que la femme peut encore opposer l'exception même après la sentence pour en empêcher l'exécution. D'ailleurs si le juge reconnaissait comme valable l'intercession de la femme, il violerait le S. C. et sa sentence n'aurait aucune valeur. *Non jure profertur sententia si specialiter contra leges vel Senatus-consulta fuerit probata, valere non debet et ideo et sine appellatione causa denuo induci potest.* (L. 19, *de appell. et relat.* D. 49, 1.)

Un dernier argument qu'on pourrait faire valoir en faveur de l'obligation *ipso jure* de la femme intercédante est tiré de la loi 95, § 2, *de solut. et liber.* D. 46, 3, dans laquelle Papinien semble qualifier d'*obligatio civilis*, l'obligation de la femme qui a intercédé et l'assimile à celle dont est tenu le fiduciaire qui a restitué l'hérédité d'après le Trébellien. Mais il suffit d'analyser ce texte avec soin pour se convaincre que l'*obligatio civilis* dont parle le jurisconsulto, c'est l'obligation du débiteur principal à qui la femme succède et qui, lui, était tenu *jure*, et non pas une obligation civile qu'on voudrait faire résulter de l'intercession.

SECTION DEUXIÈME

Effets du Sénatus-consulte par rapport au créancier à qui il est opposé.

Nous arrivons maintenant à des effets qui ne dérivaient point du Sénatus-consulte Velléien lui-même, mais que le préteur lui faisait équitablement produire et par lesquels, nous l'avons déjà indiqué, il suppléait aux lacunes du Sénatus-consulte.

Le Sénatus-consulte Velléien ne s'était en effet occupé que de protéger la femme contre l'action soit personnelle soit hypothécaire que le créancier, usant de son droit, pourrait exercer contre elle. Refus d'action, exception tels étaient ses effets.

Mais cela ne suffisait pas et la plupart du temps on serait arrivé avec cette lacune à un résultat *inique*, c'est-à-dire à la libération du débiteur pour lequel la femme s'est obligée, au détriment du créancier.

L'édit contenait donc à ce sujet des dispositions qui avaient pourvu à ce que le Sénatus-consulte ne produisit pas ce résultat, qui d'ailleurs n'était certainement pas dans l'intention de ses rédacteurs :

Lorsque la femme a repoussé l'action du créancier, lorsqu'elle a été admise a se dégager des liens de son obligation, la position du créancier diffère suivant que l'intercession a été plus ou moins complète. Quelquefois il ne fait que perdre une garantie accessoire, car ses relations avec son débiteur n'ont pas été modifiées par l'intercession. Il en est ainsi toutes les fois qu'il n'y a pas eu extinction de la dette primitive, en un mot lorsque l'obligation de la femme n'opérant pas novation est venue simplement se joindre, accéder à l'obligation du débiteur; lorsque par exemple, la femme s'est engagée en qualité de caution, de *mandator pecuniæ credendæ* ou en vertu du pacte de constitut : Dans ce cas alors le créancier n'a pas besoin d'être protégé d'une manière spéciale : Il n'aura qu'a exercer le droit qui lui reste.

Mais si la dette originaire a disparu, si la femme par son intercession s'est complètement substituée au débiteur primitif, le créancier se trouve alors complètement désarmé, car il est dans l'impossibilité d'exercer son ancienne action, et il se trouve en face de la femme qui précisément s'abrite derrière la protection du Sénatus-consulte.

Le préteur était donc venu à son secours en rétablissant l'ordre même des choses qui existait avant l'intercession, et rendait au créancier le débiteur qu'il avait perdu, *(a prœtore restituitur primus debitor creditori* L. 16.)

Aussi l'action qui renaît ainsi est-elle appelée par les textes : *pristina actio* L. 8. § 7. h. t, ou *actio restitutoria* L. 9. § 9. 12 et 13. L. 13. § 1ᵉ au D. et

8 au C. h. t. ou encore *actio rescisoria* car elle est donnée *rescisa intercessione*. L. 16 et L. 32. § 5. ou bien encore *actio utilis* par opposition à l'action directe qui compétait contre la femme. Enfin dans l'hypothèse où la femme s'est obligée pour un tiers, qui n'avait pas encore contracté avec le créancier, mais qui était sur le point de le faire, comme l'action qui va naître contre ce tiers, n'est pas le rétablissement d'un ordre de choses existant antérieurement et par conséquent l'expression restitutoire ne convenant plus, on l'appelle souvent *actio institutoria*, c'est-à-dire action créée, instituée au profit du créancier et qu'on lui permet d'exercer contre une personne, qui n'a jamais été son débiteur.

Et maintenant examinons quel est le caractère de l'action rescisoire : à qui elle appartient, contre quelles personnes elle est donnée, dans quel cas et à partir de quelle époque elle peut être exercée.

§ 10^e

Caractère de l'action restitutoire.

Un certain nombre d'interprètes, notamment Donneau et Voet, ont soutenu que l'action restitutoire accordée au créancier, n'était autre chose qu'une véritable *restitutio in integrum*, dont la cause il est vrai, ne se trouvait pas spécialement prévue dans l'édit, mais qui ne s'en trouvait pas moins autorisée par la *clausula generalis* ainsi conçue comme ou sait : *item si qua alia justa causa mihi esse videbitur, in integrum restituam.*

Mais il est difficile de concilier cette opinion avec les considérations suivantes. On ne trouve nulle part dans les textes du Digeste au titre de *in integrum restitutionibus*, qu'il soit fait la moindre allusion à la position du créancier privé de son droit en vertu d'une intercession de la femme; et ce silence ne se comprendrait que bien difficilement s'il s'agissait ici véritablement d'une *in integrnm restitutio.* De plus, on ne trouve pas non plus dans les textes qu'il soit fait mention, comme accompagnant l'action restitutoire des caractères de l'*in integrum restitutio* c'est-à-dire de la *causœ cognitio* et du décret du préteur. La *restitutio in integrum* doit être demandée dans un certain délai sous peine de déchéance, une année utile dans l'ancien droit quatre ans continues sous Justinien; or l'action restitutoire est au contraire perpétuelle L. 10 au D. h. t. La *restitutio in integrum* est une dernière ressource, un remède auquel il n'y a lieu de recourir qu'à défaut de tout autre moyen de droit (L. 16. prin. de min. au D. 4. 4., tandis que nous verrons au contraire l'action restitutoire concourir avec d'autres actions, c'est ce que prouve en effet la L. 8. § 13 au

D., puisque ce texte indique que le créancier peut la demander alors même qu'il a d'autres moyens de se faire rembourser. Enfin, et l'argument semble péremptoire, s'il était ici question d'une véritable *restitutio in integrum,* on ne comprendrait plus qu'après avoir décidé que le créancier mineur auprès de qui la femme a intercédé, ne sera pas traité autrement que tout autre créancier, si celle-ci lui oppose l'exception du Sénatus-consulte; la L. 12. de min. au D. IV. 4. en donne la raison suivante: *quia communi jure in priorem debitorem ei actio restituitur.* Or, l'*in integrum restitutio* est tout-à-fait en dehors du droit commun et c'est toujours sous le nom *d'extraordinarium auxilium* qu'il est désigné dans les textes.

Ces considérations, et l'impossibilité d'y répondre nous amènent donc forcément à reconnaître, que nous ne sommes pas ici en face d'une véritable *restitutio in integrum,* mais bien d'une action utile introduite par le préteur pour donner satisfaction à l'équité et corriger la lacune que nous avons signalée dans le texte même du Sénatus-consulte Velléien. Et l'on comprend alors la dénomination d'action *utilis* ou rescissoire qui lui est donnée, comme nous l'avons vu par certains textes: *utilis* car elle est introduite par le préteur, rescissoire car le préteur la donne, ne tenant pas compte de l'intercession de la femme. Action qui offre la plus grande analogie avec celle qui est donnée contre une personne qui a subi un changement d'état, et qui *jure civili*, a cessé de devoir ce qu'elle devait avant la *capitis deminutio :* tenons donc pour certain que cette action restitutoire, en vertu de laquelle le créancier exerce son action primitive comme si elle n'avait pas été éteinte, n'est autre chose qu'une action utile, une action fictice.

§ II.

Dans quels cas se donne l'action restitutoire.

Nous avons vu déjà, qu'il n'y avait lieu de restituer contre son créancier l'action qu'il avait contre son débiteur primitif que dans le cas où le débiteur avait été libéré par suite de l'intercession de la femme. Ajoutons avec la L. 8 § 7 au Dig. h. t. qu'il n'y a point à rechercher si la libération du débiteur résulte d'une acceptilation antérieure à l'intercession, où si au contraire, elle n'est qu'un effet direct et immédiat de l'intercession elle-même.

La restitution n'aura donc pas lieu, si le débiteur primitif n'a pas été libéré par l'intercession de la femme, où si l'on se trouve dans un des cas exceptionnels où l'intercession peut être validée par suite d'une *replicatio doli* opposé à *l'exceptio Senatus-consulti Velleiani*; car lorsque l'intercession est valable où n'a pas besoin de donner au créancier une action contre le débiteur, puisqu'il peut valablement agir contre la femme.

L'action restitutoire ne sera donc pas donnée dans les hypothèses suivantes :

1° Dans tous les cas d'exception au Sénatus-consulte Velléien ; car alors, nous venons de le voir, la femme est valablement obligée et l'intercession se soutient d'elle-même.

2° Lorsque la femme a valablement acquitté l'obligation qui, de sa part, constituait une intercession; c'est-à-dire lorsqu'elle a payé, sachant très bien qu'elle pouvait ne pas le faire, et opposer au créancier le Velléien. Nous savons en effet, que dans ce cas le payement se trouve parfaitement valable et qu'elle ne peut point répéter ce qu'elle a payé. L. 8. § 10. au D.

3° Lorsque la femme renonce au droit qu'elle a d'opposer le Sénatus-consulte et se présente en justice en donnant caution qu'elle n'invoquera pas ultérieurement son exception; car le débiteur se trouve alors libéré. L. 32. § 4. h. t. au D. et L. 23 *de sol.* au D. 46. 3.

4° Lorsque le créancier peut exercer contre son débiteur primitif une action qui arrivera au même résultat que celle qu'on lui constituerait. Par exemple, le créancier a fait acceptilation à son débiteur, à condition que ce débiteur lui fournirait un *expromissor* et cet expromissor présenté est précisément une femme. Car si le créancier a perdu son action primitive, il lui est bien inutile de la recouvrer puisqu'il peut exercer contre le débiteur qu'il a libéré la *condictio ob rem dati re non secuta*, résultant de ce qu'en réalité le débiteur n'a pas accompli la condition sous laquelle il avait été libéré. L. 8. § 8. h. t. et L. 4. *de cond.* 12. 4. au Dig :

5° Lorsque malgré l'inutilité de *l'intercessio*, l'action qu'on restituerait au créancier lui serait complètement inutile, à raison de la qualité de la personne contre qui elle compèterait. La L. 8. § 15 au Dig. va nous en fournir des exemples: La femme a intercédé pour un pupille qui ne peut pas s'obliger sans l'autorisation de son tuteur ; or, ce pupille ne s'est pas enrichi par le contrat, donc le créancier ne pourra pas l'actionner. Si au lieu d'un pupille, nous supposons un mineur de vingt-cinq ans, il pourra demander la *restitutio in integrum*. Enfin, si c'est un fils de famille, l'exception du Sénatus-consulte Macédonien sera naturellement opposable selon le droit commun. Ainsi donc, dans ces différents cas, le créancier ne conserve aucune action efficace ni contre la femme, ni contre le débiteur primitif.

La L. 13, § 1er, au D. fournit un exemple assez curieux de ce principe que si l'action primitive n'a pas été éteinte par *l'expromissio* de la femme, le créancier n'a pas besoin d'avoir recours à l'action restitutoire. Il s'agit du cas où la dette primitive était garantie par une hypothèque. Il n'y a point lieu à donner au créancier l'action restitutoire, car l'hypothèque subsiste encore. Et, en effet, les gages et les hypothèques ne s'éteignent que par le paiement ou un mode de satisfaction analogue, car la formule de l'hypothèque était ainsi conçue : *si paret rem in bonis debitoris fuisse eo tempore quo depignore convenit, neque soluta sit, aut eo modo satisfactum fuerit.....* Or, parmi les modes de satisfaction analogue au paiement, on avait considéré qu'il fallait ranger tous ceux qui auraient été volontairement acceptés par le créancier. Sur la liste devait naturellement figurer la novation, à la condition pourtant que cette novation serait efficace, car on ne peut vraiment pas attribuer au créancier la pensée de se croire satisfait par une *expromissio* sans portée, comme il l'aurait été par un paiement.

Donc, si une femme s'est portée *expromissor*, l'obligation personnelle contractée par le débiteur primitif est bien éteinte *ipso jure*, mais l'hypothèque qui la garantissait subsiste encore et le créancier pourra exercer l'action quasi servienne qui en résulte sans être obligé d'avoir recours à une restitution, parce qu'il est vrai de dire que, non-seulement il n'y a pas eu paiement, mais qu'il n'y a pas eu un mode de satisfaction analogue.

§ III.

A partir de quelle époque et jusqu'à quelle époque l'action restitutoire peut-elle être exercée.

Le créancier peut agir contre son ancien débiteur au moyen de l'action restitutoire immédiatement après l'intercession de la femme. Il n'a donc pas à attendre pour exercer cette action, que la femme l'ait payé ou qu'elle ait exercé la *condictio indebiti* ou bien encore que le terme soit échu ou la condition accomplie si l'intercession est à terme ou sous condition. Il est vrai que la femme peut ne pas opposer à l'action du créancier l'exception du Sénatus-consulte Velléien, ou ne pas exercer la *condictio indebiti* lorsqu'elle a payé, mais, peu importe, le créancier n'est pas tenu de rester dans l'incertitude et sous le coup du danger qui le menace ; peut être son débiteur primitif va-t-il devenir insolvable, il est temps de sauvegarder ses droits, il pourra donc agir aussitôt qu'il vient à découvrir que sa débitrice a contracté une obligation contraire au Sénatus-consulte. L. 24, § 2.

Nous avons dit que l'action restitutoire présentait avec la *restitutio in integrum* cette différence capitale, que la *restitutio in integrum* devait né-cessairement et sous peine de déchéance, être de-mandée dans un certain délai : une année utile, ou quatre ans continus sous Justinien ; tandis qu'au contraire, l'action restitutoire était perpétuelle. L. 10 au Dig. h. t. Mais remarquons que l'action restitutoire n'est point toujours, et quand même, une action perpétuelle. Elle ne sera perpétuelle, que si l'action primitive l'était aussi ; mais si l'action primitive était temporaire, l'action restitutoire prendra le même caractère, car il serait vraiment extraordinaire que l'intercession de la femme put placer le créancier dans une situation meilleure que celle qu'il avait, et lui permit d'exercer une action perpétuelle, alors qu'il n'avait d'abord qu'une action temporaire. C'est du reste ce que dit Paul de la façon la plus formelle dans la L. 24. § 3, car pré-voyant le cas ou l'action primitive était temporaire : *restituatur temporalis*, dit-il.

Ainsi donc, dans le cas ou l'action primitive était temporaire, l'action restituée aura le même ca-ractère, et il sera tenu compte pour le calcul du délai, et du temps qui a couru contre le créancier, depuis la restitution de l'action et de celui qui s'est écoulé avant l'intercession, en supprimant l'espace intermédiaire, bien que le créancier ait pu, à la ri-gueur, demander l'action restitutoire immédiate-ment après l'engagement de la femme. *Pomponius* L. 50. de min, 4. 4, donne la même décision, lorsqu'il s'agit d'un mineur de vingt cinq ans, qui a intercédé pour un débiteur d'une action temporaire, et qui se fait restituer contre son obligation. Si le créancier n'avait plus que dix jours pour agir, au moment de l'intercession, il n'aura que le même délai, *in tempore in integrum restitutionis* ;

§ VII.

A qui et contre qui l'action restitutoire est-elle donnée.

L'action restitutoire est accordée à tous ceux qui pourraient se voir opposer par la femme l'exception tirée du Sénatus-consulte Velléien. Elle sera donc donnée, non-seulement au créancier lui-même, mais encore à ses héritiers et autres successeurs. L. 10. au D. h. t.

Remarquons cependant que s'il y a plusieurs créanciers, l'action restitutoire n'est pas nécessairement donnée à chacun d'eux comme elle l'est contre chacun des débiteurs libérés par l'intercession. Ulpien nous dit en effet à la L. 8. § XI, que l'action est restituée seulement au créancier vis-à-vis duquel la femme a intercédé : *ei soli restituitur obligatio apud quem intercessit.* Exemple : deux

créanciers solidaires (*correi stipulandi*), Primus
et Secundus, et un débiteur, Titius : Seia s'entend
avec Secundus et, par pure bienveillance, s'oblige
au lieu et place de Titius qui est libéré. Quand
Secundus poursuit Seia, celle-ci oppose l'exception :
à qui sera rendu l'action primitive ? Evidemment
au créancier qui éprouve un préjudice par suite de
l'application du Sénatus-consulte, c'est-à-dire Secundus. Il n'y a aucune action à restituer à Primus,
car, de deux choses l'une, s'il n'a plus l'action qu'il
avait contre Titius, c'est par suite du droit qu'avait
son corréus de libérer le débiteur commun, et non
pas à cause de l'intercession de Seia ; et s'il a encore
l'action primitive, si nous admettons avec Paul.
L. 27. au Dig. *De Pactis*. 2. 14. que Secundus n'a
pu libérer le débiteur par novation, il est encore
plus évident que Primus n'ayant rien perdu, n'a
aucune restitution à demander. Il ne faut donc pas
dire avec Pothier, que dans l'hypothèse dont il s'agit,
l'action est restituée à Secundus parce que seul, il
a perdu l'action primitive. En effet, si Titius avait
été libéré par acceptilation, il n'est point douteux
que Primus, voulant agir contre lui, n'obtiendrait
pas d'action, car : *acceptilatione unius tota sol-
vitur obligatio*. L. 2. D. *de duobus reis* 45. 2.
L. 13. § 12. *de acceptil*. 46. 4. Si, au contraire,
nous appliquons la L. 8. § XI, au cas ou Seïa, s'étant
porté *expromissor*, le débiteur a été libéré par
novation, ce que suppose Pothier en nous ren-

voyant à la L. 27 *de Pactis*, le texte prouverait qu'Ulpien partageait l'opinion de Venuleïus, L. 31. § 1ᵉ *de nov.* 46. 2. et reconnaissait à l'un des créancier solidaires le droit de libérer le débiteur par novation, décision, qui, dans l'espèce, ferait perdre à Primus toute action contre Titius, comme si Secundus avait reçu le paiement ou avait fait acceptilation. Encore une fois, si, malgré la novation consentie par Secundus, Primus conservait son droit contre Titius, il est bien évident qu'il n'y aurait rien à lui restituer, et Ulpien n'aurait pas pris la peine de le dire. (Voir M. Demangeat : Obligations solidaires en droit romain, p. 60, où cette doctrine est exposée avec une admirable clarté.)

Nous avons vu que l'action restitutoire avait pour but de remettre le créancier dans la position où il se trouvait avant l'intercession de la femme. Cette action sera donc donnée contre tous ceux qui se sont trouvés libérés par suite de l'intercession de la femme. Elle sera donc restituée.

1° Contre l'ancien débiteur principal : L. 1ᵉ. § 2. D. h. t.

2° Contre les héritiers et autres successeurs du débiteur. L. 10. h. t. au D.

3° Contre les fidéjusseurs. L. 14. au D.

4° Contre chacun des *correi permittenti*, soit que la femme ait intercédé pour tous ou seulement pour l'un d'entre eux ; car, dans ce dernier cas, l'intercession de la femme ne libérant pas moins tous les autres, le créancier a besoin d'être réintegré dans son action contre tous. L. 20. D. h. t. et L. 2. *de duobus reis*. D. 45, 2.

5° Contre la femme elle-même lorsqu'elle est devenu l'héritière du débiteur primitif. L. 8. § 13. au Dig. Du reste, dans ce cas, le créancier n'aura pas même besoin de l'action restitutoire. Il pourra se servir de l'action primitive, de l'action directe, la femme n'ayant aucune espèce d'intérêt à repousser cette action directe, puis qu'elle peut être forcée de payer en vertu de l'action restitutoire.

6° Contre le maître de l'esclave ou contre le père de celui pour lequel la femme a intercédé, à supposer qu'auparavant le maître ou le père pût être poursuivi par l'une des actions *adjectitiœ qualitatis*. L. 9. et 32. § 5. au D. h. t.

Enfin 7°, contre celui qui n'a jamais été débiteur parce que l'intercession de la femme l'a dispensé de le devenir. L. 8. § 14. au D. Du reste, dans ce cas, il ne peut pas être question de restituer au créancier contre ce tiers une action qu'il n'a jamais eu. C'est bien véritablement une action nouvelle, une véritable action institutoire, et non une action restitutoire que le préteur donne dans ce cas au créancier : *Instituit magis quam restituit obligationem* dit Ulpien. Du reste, cette action est de la même nature que celle que le créancier aurait eu contre la femme si elle avait été véritablement obligée. Par exemple, si la femme s'est obligée par stipulation, le stipulant pourra exercer contre elle une action *quasi ex stipulatu*. L. 8. § 4. au D.

Du reste, le prêteur ne se contente pas de créer au profit du créancier l'action personnelle dont il vient d'être question, il va même la garantir par les sûretés particulières que le tiers avait données à la femme elle-même. V. L. 29. Prin. au D. h. t.

CHAPITRE IV.

Innovations de Justinien.

Nous connaissons déjà quatre des innovations de Justinien touchant l'intercession des femmes. Nous avons vu en effet, que dans quatre circonstances elle ne pourrait plus invoquer la protection du Sénatus-consulte, et que son obligation serait efficace. Il nous reste maintenant à examiner, touchant ces innovations, deux points fort importants, dont le premier a trait à la formalité d'un acte public exigée dans la L. 23. § 2. C. et le second, aux règles spéciales introduites par la nouvelle 134. ch. VIII. au cas où la femme intercède pour son mari.

§ I.

Formalité d'un acte public.

Cette innovation se trouve contenue dans la L. 23. au C. h. t. dont le § 2 est ainsi conçu : *ne autem mulieres perperam sese pro aliis interponant, sancimus non aliter eas in tali contractu posse pro aliis sese obligare, nisi instrumento publice confecto et a tribus testibus subsignato, accipiant homines a muliere pro aliis confessionem.....*

Ainsi donc, ce texte se compose de trois idées bien distinctes : 1° Nécessité d'un acte public signé de trois témoins pour contenir l'*intercessio* de la femme ; 2° applications de l'ancien droit quand ces formalités ont été remplies ; 3° nullité complète et absolue de l'*intercessio* quand elles ne l'ont pas été.

Rien de plus simple et de plus radical que la sanction édictée par ce texte, et pourtant, de nombreuses difficultés ont été soulevées touchant la portée juridique de cette L. 23.

Il est un cas cependant où il ne s'élève aucune difficulté, c'est celui où les formalités exigées par Justinien ont été remplies. Alors, en effet, toutes les règles de l'ancien droit doivent recevoir leur application, soit quant à la prohibition du Sénatus-consulte, soit quant à son mode d'application, soit enfin quant aux dérogations qui y sont apportées.

Mais, dans l'hypothèse où il n'est pas intervenu d'acte public revêtu de la signature de trois témoins, la chose n'a pas paru si simple aux interprètes. Sans entrer dans la discussion de toutes les opinions qui ont été émises sur ce point, nous dirons que le dernier paragraphe de la constitution nous semble avoir pour but de frapper d'une nullité absolue l'*in-*

tercessio destituée des formes, soit qu'elle eut été paralysée dans l'ancien droit par l'exception du Sénatus-consulte, soit que l'on se trouve dans l'un des cas exceptionnels où elle est permise. Ni dans l'une ni dans l'autre hypothèse, la femme n'aura besoin d'invoquer l'exception : l'acte qu'elle aura fait sera nul de droit.

Toutefois, ceci ne s'appliquera qu'aux opérations qui réunissent tous les caractères constitutifs de l'*intercessio,* et non à celles qui n'ont de l'intercession que l'apparence, par exemple, lorsque la femme se sera obligée dans son propre intérêt (arg. de la L. 23. Prin. au C. h. t.), ni à ces actes qui ne sont pas en apparence des intercessions, mais qui déguisent cependant une véritable et réelle *intercessio.* Nous avons vu, en effet, que de tels actes étaient parfaitement valables si le créancier était de bonne foi ; et comment imposer l'observation des formalités prescrites à un homme qui ne sait pas même s'il y a *intercessio.*

§ II.

Cas où la femme intercède pour son mari.

Ce cas n'a été séparé de celui ou la femme intercède pour tout autre que par la novelle 134. ch. 8. qui forme l'authentique : *si qua mulier.*

Aux termes de cette novelle, toute obligation qu'une femme aurait contractée pour son mari est radicalement nulle, et la nullité dont il s'agit s'applique à toutes les intercessions de la femme pour son mari, sous quelque forme qu'elles se présentent.

La prohibition de la novelle ne reçoit d'exception que dans le cas où il est bien manifestement prouvé que l'argent emprunté par le mari a tourné au profit de la femme : « *nisi manifeste probatur, quòd pecuniæ in propriam ipsius mulieris utilitatem expensæ sint.* » Cette exception ainsi formulée, laisse en dehors de l'authentique le cas prévu dans la L. 23. Prin. C. h. t. Celui dans lequel la femme a reçu quelque chose pour intercéder, ou dans lequel elle a déclaré, suivant les formalités prescrites, qu'elle avait reçu quelque chose. Nous tenons aussi pour certain que l'authentique *si qua mulier* n'est pas applicable toutes les fois que l'intercession de la femme en faveur de son mari se présente avec l'apparence d'une opération faite pour le compte de la femme elle-même, à supposer, d'ailleurs, que le créancier soit de bonne foi.

CHAPITRE V.

*Destinées ultérieures du Sénatus-consulte
Velléien. Ancien droit français.*

Le Sénatus-consulte Velléien a longtemps sur-
vécu à la chûte de l'empire Romain, et s'il a disparu
complètement de notre législation avec le code
Napoléon, il n'en n'est pas moins aujourd'hui même
en vigueur dans certains pays de l'Europe, notamment en Espagne. Nous ne pouvons pas naturellement le suivre pas à pas dans toutes ses vicissitudes
et nous allons seulement signaler les traces qu'il a
marquées dans notre droit coutumier.

A peine, est-il besoin de dire que le Sénatus-consulte Velléien était observé dans les pays de droit
écrit. Il était en vigueur dans les ressorts des parlements de Toulouse, Bordeaux, Pau, Aix et Douai,
et dans ceux des conseils souverains de Colmar et
de Perpignan. Mais quant à l'application du Sénatus-
consulte, chacun de ces parlements avait une jurisprudence différente. Le Parlement de Toulouse, par
exemple, contrairement à ce qui était admis dans
les autres ressorts, ne permettait pas à la femme de

renoncer au Sénatus-consulte. Au Parlement de Grenoble, la femme, pour être relevée de son obligation, n'avait pas besoin de demander des lettres de rescision, ce qui était jugé nécessaire partout ailleurs. Enfin, le délai pendant lequel la femme était admise à faire cette demande, variait également, soit quant au point de départ, soit quant à la durée. (Ferrière, dict. de Droit. V° Velléien. Tome II. P. 694.)

A l'égard des pays coutumiers, nous dit Merlin, la disposition du Sénatus-consulte Velléien et des lois romaines postérieures qui s'y réfèrent (notamment de l'authentique *si qua mulier*), formait le droit commun, excepté dans quelques lieux particuliers, où il était permis par la coutume, à la femme, de s'obliger pour autrui.

Du reste, dans ces pays coutumiers comme dans les pays de droit écrit, on trouvait une extrême variété quant à la manière dont le principe était appliqué. Tantôt, comme en Normandie, le principe était si rigoureusement observé que ni la femme, ni les héritiers, ne pouvaient ratifier l'obligation qui y contrevenait. La nullité n'en n'était pas même couverte par le délai de 10 années, dans lequel, en général, la rescision devait être demandée, et il n'était pas besoin de lettres de rescision ; du reste, toute renonciation au bénéfice dn Sénatus-consulte était formellement prohibée ; c'est ce qui résulte clairement d'un passage de Froland (Froland : Mé-

moires concernant la qualité des statuts) reproduit
par Merlin (Merlin : § 1°. n° VIII.)

Tantôt, au contraire, les prohibitions du Sénatus-
consulte étaient fort adoucies, et même on peut
citer telles coutumes qui ne tenaient aucun compte
de la disposition si sage de l'authentique. Ainsi,
l'ancienne coutume de Bretagne (1539), portait
art. 16 : « Femme ne se peut obliger pour autrui si
ce n'est pour son père, ou pour sa mère, ou pour
son seigneur époux, ou pour ses enfants. » Exception qui inspirait à d'Argentré la réflexion suivante :
*Miranda hic mutatio juris, cum quidem pro-
hibitio, intercessionum muliebrum ab hoc
inceperit, mox ad alvas porrecta sit..... quod
ille Senatus non probavit ac ne imperatores
quidem....hoc humanitatis intuitu gens nostra
adonisit.* Tantôt enfin, les coutumes, tout en admettant le principe du Sénatus-consulte et de l'authentique, avaient cependant introduit des cas nouveaux dans lesquels il était permis d'y déroger. Et,
en effet, c'est bien ce qu'il faut conclure du passage
suivant de Coquille : « *Es autre Provinces* on ob-
serve le Velléian, *etiamsi* on est obligé pour son
mari ou pour ses enfants, ce qui, toutefois, se doit
dire avec tempérament. Comme si le mari qui est
homme de métier ou état, est prisonnier pour
dettes, et la femme s'oblige pour lui, et ne s'ai-
dera du Velléian, car elle doit recevoir profit de
la liberté de son mari pour gagner sa vie. De

même, si elle s'oblige pour son fils, accusé d'homicide, afin qu'il ait moyen de payer l'intérêt civil
et faire les frais de la rémission, ou pour le racheter
de prison de guerre, car, à cause de son honneur et
piété naturelle, se doit dire que c'est sa cause aussi
bien que celle de son fils : »

Dans presque toutes les coutumes, on admettait non-seulement la renonciation au Sénatus-consulte mais encore la renonciation à l'authentique.
En vain les jurisconsultes s'élèvent-ils contre l'abus
qu'on en faisait ; en vain un arrêt de règlement de
Paris du 29 juillet 1595, enjoignit aux notaires
d'avoir à faire connaître aux femmes le bénéfice auquel elles renonçaient, et de faire mention dans
leur minutes de l'accomplissement de cette formalité, sous peine de dommages-intérêts envers les
parties. (Bretonnier, *Questions de droit*, V°
femme). Les clauses de renonciation au Velléien
n'en furent pas moins bien vite « superficiaires et
de parade, » comme l'avait craint Coquille. L'abus
en fut si fréquent que la clause en devint de style,
et qu'au rapport d'un auteur de l'époque, (Marsili,
de fidejussoribus, n°ˢ 39 et 39,) les notaires en ar-
rivèrent, pour la plupart, à n'en plus comprendre
le sens : « Et si repiritur unus doctus et expertus,
reperiuntur viginti quinque ignari et inexperti nul-·
lam habentes notitiam similium beneficiorum, » paroles naïves, mais à la vérité desquelles permet
d'ajouter foi le respect que certains hommes d'af-

faires ont professé de tout temps pour les clauses de style et les formules superflues.

138. De là, des nullités d'actes auxquelles on cherchait à se soustraire, (en 1602, les notaires de Bretagne avaient obtenu un arrêt du Conseil privé qui validait les actes par eux passés au mépris des dispositions de l'arrêt de règlement du 29 juillet 1595, et leur enjoignait de s'y conformer à l'avenir et d'en faire mention. (Bretonnier, *Questions de droit, loc. cit*), des désordres nombreux, des procès sans fin et des recours sans résultats. Enfin, au mois d'août 1606, Henri IV rendit, sur la proposition du chancellier de Sillery, un édit par lequel il défendait désormais aux officiers publics d'insérer dans leurs actes aucune clause de renonciation au S. C. Velléien, non pas qu'il voulût rendre à cette disposition législative son ancienne force, mais au contraire pour abroger, comme dit Merlin, toute la législation romaine sur ce point. Ce que voulait le bon roi, c'était que ses notaires et ses tabellions ne parlassent plus désormais sans se comprendre, qu'ils supprimassent dans leurs actes les clauses de renonciation dont il s'agit : « les femmes ajoute-t-il, demeurant néanmoins bien et dûment obligées. »

139. Ferrière et après lui Merlin (Ferrière, *loc cit.*, p. 695. — Merlin, *loc cit.*, n° 10) font remarquer avec raison que cet édit de 1606 n'a rien de commun avec les dispositions de la loi Julia prohibitives de l'hypothèque des biens dotaux et que cette

dernière loi fut abrogée seulement par Louis XIV, en 1664, au moins pour le pays de Lyonnais, Beaujolais, Mâconnais et Forez.

140. Merlin nous apprend que l'édit de Henri IV fut d'abord enregistré au parlement de Paris, et qu'il était exécuté dans tout son ressort, sauf dans l'Auvergne et la Marche. Il fut ensuite enregistré au parlement de Bourgogne, le 7 août 1609. Un édit de décembre 1683, enregistré au parlement de Bretagne le 23 du même mois, et un autre édit du mois de novembre 1704 enregistré au parlement de Franche-Comté, le 3 janvier suivant, rendirent exécutoire la disposition de l'édit de 1606 dans le ressort de ces parlements. Quant au parlement de Normandie, il ne consentit jamais à enregistrer l'édit, et le Velléien continua d'y être rigoureusement appliqué.

141. On peut juger, d'après ces notions, des nombreuses questions de statut que devait soulever le S. C. Velléien; elles étaient appelées questions mixtes et se présentaient le plus souvent de la manière suivante : La femme normande qui s'engage à Paris comme caution est-elle valablement obligée? Ou *vice versâ*, la Parisienne peut-elle donner un cautionnement à Rouen ou hypothéquer valablement pour la dette d'autrui les immeubles dont elle serait propriétaire en Normandie, en d'autres termes, le S. C. Velléien est-il un statut réel ou un statut personnel? (V. sur ces questions, Pothier,

des Obligations, n° 388; Merlin, *Répert*, v° S. C.
Velléien, § 2, tit. XII, et *Quest. de droit.* v° Velléien, § 3, t. V).

142. Il y avait pour les rédacteurs du Code Napoléon deux moyens de faire cesser les divergences
fâcheuses : ou bien refondre et faire entrer dans le
nouveau Code la théorie de Velléien, ainsi que cela
eut lieu pour toutes celles qui, venues du droit romain et conservées par les coutumes, y reçurent une
place définitive; ou bien abandonner cette théorie
pour l'avenir. C'est à ce dernier parti plus radical
et regardé sans doute par eux comme plus sage que
s'arrêtèrent nos législateurs de 1804. Le S. C. Velléien, ainsi que toutes les lois postérieures qui s'y
réfèrent, ont complètement disparu de notre législation, et l'on peut même dire, chose assez remarquable, qu'ils n'y ont laissé aucune trace. Ainsi les
femmes, si elles ne sont pas mariées, peuvent, sans
aucune restriction, s'obliger pour autrui comme
pour elles-mêmes. Si elles sont mariées, leur incapacité de s'obliger, qui va faire l'objet de la seconde
partie de ce travail, est la même dans tous les cas.
Pour qu'elles s'engagent valablement, soit pour
elles-mêmes, soit pour un étranger, soit pour leur
mari, il leur faut l'autorisation de ce dernier, ou,
selon les cas, celle de justice; mais cette autorisation leur suffit toujours. (Art. 217, 1123, 1125,
1431, 1487, C. N.) Ce parti qu'ont pris les rédacteurs du Code d'abandonner complètement la théo-

rie Velléienne est-il en effet le plus sage? C'est là
une grave question qu'il est impossible de traiter
ici comme elle le mérite. Contentons-nous d'ex-
primer le regret de ne plus trouver dans le Code
Napoléon trace du S. G. Velléien, en ce qui concerne
l'obligation des femmes pour leur mari.

Sans doute la famille n'est plus chez nous cette
institution politique qu'en avait faite la loi romaine,
et dans laquelle les femmes étaient sacrifiées ; l'affection naturelle a pris dès longtemps le dessus dans
les législations modernes ; c'est avec raison que la
loi a mis les femmes presque au même rang que les
hommes, et qu'elle leur a accordé, comme épouses
et comme mères, une bienveillance à laquelle elles
ont droit. Mais le caractère de la femme, en ce qu'il
peut avoir de trop faible ou de trop obligeant, n'a
pas changé, et il exige toujours aussi impérieuse-
ment pour elle la constante protection du législateur. Que la femme la trouve suffisante dans l'autorisation qu'elle doit obtenir de son mari ou de justice
avant de s'obliger pour autrui, cela est possible ;
mais, à coup sur, cette protection n'existe plus
lorsque la femme s'oblige pour son mari. Et cependant, c'est quand la faiblesse de la femme est plus à
craindre, parce qu'elle a plus de raisons pour y suc-
comber, qu'il lui faudrait une protection plus forte
contre elle-même. Cette protection, la Novelle 134
la lui avait avait donnée, le Code Napoléon la lui a
enlevée. Sans doute il peut être convenable dans

certains cas que la femme ait le droit de venir au
secours de son mari, et de lui prêter une assistance
qu'il ne trouverait peut-être pas chez des étrangers ;
mais cette considération doit céder, selon nous,
devant le danger de sacrifier plus souvent les intérêts de la femme à ceux du mari et de les voir en-
traînés l'un et l'autre dans une ruine commune.

DEUXIÈME PARTIE

DROIT FRANÇAIS

DE L'INCAPACITÉ DE LA FEMME MARIÉE.

Sources : Code Napoléon : Art. 215 à 226 — 776 — 905 — 934 — 940 — 1029 — 1096 — Al. 2 — 1124 — 1125 — 1304 — 1312 — 1449 — 1534 — 1538 — 1549 — Al. 3 — 1576 — 1990 — 2208. Code de proc. civile. Art. 861 à 864. — Code de com. art. 4 — 5 — 7.

CHAPITRE PREMIER.

Origine historique et fondement de l'incapacité de la femme mariée.

§ Ier.

Origine historique.

On a depuis longtemps remarqué et avec grande raison, que les idées Romaines dont nos jurisconsultes et nos législateurs surent tirer si bon profit en tant de matières, n'avaient jamais prévalu dans l'esprit des uns ni des autres quand il s'était agi de l'organisation de la famille et, en particulier, des rapports juridiques entre la femme et son mari.

Le droit Romain avait organisé sévèrement la puissance paternelle, tandis qu'il ne contenait, pour ainsi dire, aucune disposition relative à la puissance maritale. Au contraire, notre droit français, aussi bien dans les coutumes que dans le Code Napoléon, a singulièrement relaché les principes de la puissance paternelle, tandis qu'il organisait plus fortement la puissance maritale. Ce n'est plus dans le droit Romain, mais dans le droit Germanique qu'ont été puisés les principes qui nous régissent aujourd'hui en ces matières, et il serait facile de remonter pas à pas jusqu'à leur source même si ce travail n'excédait les limites mêmes que comporte un sujet de thèse. Contentons-nous d'examiner seulement comment ces principes étaient entendus et appliqués dans les pays coutumiers en signalant les questions les plus importantes et les principales solutions qu'elles avaient reçues.

Nous ne parlons naturellement que des pays coutumiers, car le droit Romain étant en vigueur dans ceux de Droit écrit, il ne pouvait y être question d'autorisation maritale.

La première question qui se posait en cette matière, était celle de savoir sur quel motif reposait la nécessité de l'autorisation maritale ; du reste, c'était l'une des plus controversées.

Rebuff, Pantanus, Laféron, Gillaume, Bouvot, Peckins, Chasseneux, Tiraqueau et quelques autres encore, n'assignaient d'après Merlin, d'autres fondements à l'incapacité des femmes mariées que leur inexpérience et la faiblesse de leur sexe.

Pour Pothier, au contraire, pour d'Aguesseau, Coquille, d'Argentré, Ricard, l'autorisation maritale n'était qu'une conséquence nécessaire et logique de la puissance du mari sur sa femme et de l'obéissance que celle-ci lui doit en toute circonstance.

Lebrun avait adopté à la fois les deux opinions que nous venons de citer et il en formait un système mixte qui consistait à dire que l'autorisation était nécessaire à la femme et pour satisfaire au droit du mari, et pour subvenir à sa propre faiblesse. Sentiment qui semblait d'ailleurs justifié par la rédaction de certaines coutumes, notamment de Paris, art. 223, de Sens art. 111, d'Auxerre, art. 221.

Enfin, certains auteurs, parmi lesquels le président Bouhier (*Observations sur la coutume du duché de Bourgogne*, chap. XIX, n°s 46 et suiv.) faisant une part trop large peut-être au souvenir du Sénatus-consulte Velléien, trouvaient que la question de bienséance et d'honnêteté publique, avait été surtout prise en considération.

Qu'il y ait du bon dans chacune de ces théories, il serait difficile de le contester ; que chacune d'elles soit plus ou moins nécessaire pour rendre compte des dispositions pratiques des coutumes auxquelles elle se réfère, cela est possible ; mais, ce qui nous paraît difficile, c'est de justifier, même en les réunissant toutes, y compris celle du président Bouhier, certaines dispositions exagérées de quelques-unes de nos coutumes dans lesquelles l'incapacité de la femme mariée s'étendait jusqu'au testament pour lequel il lui fallait l'autorisation maritale.

Dans ces coutumes assez nombreuses (Coutumes générales : Du duché de Bourgogne, ch. IV, art. 1 ; de Normandie, art. 418 ; de Bretagne, art. 619 ; de Nivernais, ch. XXIII, art. 1 ; de Bourbonnais, art. 216, et d'Artois, art. 86. — Coutumes locales : de Lille, Cambrai, Douai, Cassel, Liége, Saint-Quentin, Clermont-en-Argonne, Bar-le-Duc et Epinal), les législateurs s'étaient laissé entraîner à un excès de pouvoir tout à fait injustifiable.

Un autre point non moins controversé, était celui de savoir quelles conditions devait remplir l'autorisation maritale ; elle pouvait résulter d'un simple consentement, même tacite ? Ou, au contraire, elle devait être expresse, solennelle, presque sacramentelle. L'opinion à peu près unanime des jurisconsultes, était que l'autorisation devait être expresse. Du reste, les uns étaient exigeants et formalistes, les autres l'étaient moins, et si l'on se reporte aux textes tout à fait divers des différentes coutumes, on finit par convenir que tous pouvaient avoir raison.

Les deux coutumes qui nous intéressent le plus, celle de Paris, art. 223, et celle d'Orléans, art. 194, exigeaient pour habiliter la femme l'*autorité* et le *consentement* du mari.

On avait interprété ces mots en ce sens que l'autorisation, qui ne pouvait n'être que tacite quant aux actes judiciaires, devait être au contraire expresse et solennelle quand il s'agissait d'actes extrajudiciaires. Il n'y avait point alors de concours de circonstances qui pût suppléer cette autorisation expresse ; « l'autorisation n'était constituée, comme dit Ferrière, que par une approbation formelle, qui marque que c'est par l'avis et le conseil du mari que la femme agit, et mention doit en être faite dans l'acte par le mot d'autoriser à peine de nullité. » Et Pothier ajoute : « Ce terme *autoriser* est comme sacramentel, et je ne trouve que celui de *habiliter* qui peut passer pour équipollent. (Ferrière, *Dictionnaire de droit et pratique*, v° *Autorisation du mari en pays coutumiers*. — Pothier, *Puissance du mari*, n° 6, *Introduction au titre X de la coutume d'Orléans*, n° 145.)

Au contraire, l'autorisation pouvait n'être que tacite pour ce qui concernait les actes judiciaires. Cela peut paraître singulier au premier abord, car il semble que les conditions de l'autorisation doivent être d'autant plus sévères, que les actes pour lesquels il s'agit d'habiliter la femme sont plus graves. Mais Ferrière nous rend très-bien compte en ces termes de la différence : « La raison, nous dit-il, provient de l'autorité des jugements et de ce qu'on

présume que tout s'y passe sans fraude et sans sur-
prise, le juge ne devant avoir pour guides que la
raison et la loi ; mais dans les choses qui se passent
hors jugement, il pourrait y avoir beaucoup de sur-
prises, c'est pourquoi il faut y apporter plus de pré-
caution : ainsi la faveur de la femme et de ses biens
pour la conservation desquels le public doit s'inté-
resser, requiert une autorisation expresse. »

Dans d'autres coutumes on ne trouvait qu'un seul
de ces deux mots, celui d'*autorité :* dans les coutumes d'Auxerre (art. 221) et de Troyes; (art. 139)
celui de *consentement* dans les coutumes de Sens
(art. 111), de Bar-le-Duc (art. 170) et de la Marche;
(art. 298) un seul mot aussi, celui de *permission,*
se trouvait dans la coutume de Normandie (art. 418);
au mot *autorité* la coutume de la Rochelle avait
joint le mot de *permission,* et d'autres coutumes,
telles que celles du duché et du comté de Bourgogne, celui de *licence.* La coutume de Cambrai,
au titre des droits appartenant à gens mariés (art. 2
et 3), parlait de *su, autorité* et *consentement;*
enfin on trouvait les mots *gré, autorité* et *consentement* dans la plus expressive de toutes, celle
d'Artois (art. 86.)

§ II.

Fondement de l'incapacité de la femme mariée.

Dans un premier système, on soutient que la puissance maritale est le seul motif sur lequel repose la nécessité de l'autorisation. (Delvincourt, t. I, p. 75; Toullier, t. II, n° 615; Merlin, *Quest. de droit,* t. IX, v° *Puissance maritale,* § 4; Dalloz, *Jurisprudence générale, Recueil alphabétique,* v° *Mariage,* t. X, p. 149, n° 2.) Il est facile de deviner sur quels arguments on fonde cette théorie. On fait remarquer que d'après le Code civil la femme majeure, si elle est fille ou veuve, jouit d'une capacité complète relativement à tous les actes de la vie civile, cela n'est pas contestable en présence des articles 388, 448, 390, 507 C. N. Mais dans l'intérêt du bon ordre et de la prospérité du ménage, le législateur a voulu que la femme fût sous la dépendance du mari. Or, cette dépendance ne serait qu'un vain mot si la femme demeurait capable, comme auparavant, et par conséquent libre de contracter à son gré : « Les bonnes mœurs, disait le président Bouhier, et l'honnêteté publique ne permettent pas à la femme d'avoir communication d'affaires avec autrui, sans le su et le congé de son mari, pour éviter suspicion. (*Observations sur la coutume du duché de Bourgogne*, chap. XIX, n°s 46-51.) Sauf une seule exception qui résulte du principe de l'inaliénabilité de l'immeuble dotal, dès que le mari autorise sa femme, elle recouvre sa capacité pleine et entière, c'est donc qu'il n'y a pas ici d'autre intérêt à respecter que celui de la puissance maritale.

Ces considérations ne manquent pas de valeur, mais elles sont impuissantes à expliquer bien des points. Et d'abord le mari mineur ne peut pas autoriser sa femme (art. 224), et cependant il a le droit de puissance maritale ; sa femme lui doit le même respect que s'il était plus âgé, et en fait, il est tout aussi jaloux que pourrait l'être un majeur des prérogatives que lui confère sa situation. Aussi Pothier avait-il sur ce point une théorie logique que les partisans de ce premier système ont dû sacrifier en présence du texte de la loi. « Le mari, disait-il, quoique mineur, a le pouvoir d'autoriser sa femme, soit qu'elle soit mineure, soit qu'elle soit majeure, ce pouvoir étant un effet et une dépendance de la puissance qu'il a sur elle. » (*De la puissance du mari*, n° 29.)

En second lieu, la puissance maritale ne cesse-t-elle pas lorsque le mari est condamné à une peine afflictive et infamante ? La femme ne devrait plus alors avoir besoin d'autorisation, et cependant si les partisans du système ci-dessus n'ont pas oublié l'art. 221, ils doivent savoir que cette autorisation continue d'être nécessaire. C'est le juge qui est chargé de la donner. Enfin, l'art. 225 devrait encore les faire réfléchir : pourquoi, si l'intérêt de la puissance maritale est le seul à satisfaire, pourquoi permettre à la femme de demander la nullité de l'acte par elle fait sans autorisation, alors que le mari ne réclame pas, lui le dépositaire et le gardien de cette puissance ? Pour moi ces considérations m'émeuvent et me font rejeter formellement le système auquel je viens de les opposer.

D'après un second système, l'incapacité de la femme mariée serait fondée, comme dans le précédent, sur la puissance maritale, et de plus, sur la sollicitude du législateur pour les intérêts matrimoniaux, c'est-à-dire pour les intérêts collectifs des époux. Ce système nous parait être celui qu'il faut admettre, parce qu'il est le plus conforme à l'esprit de la loi et qu'il en explique le mieux toutes les dispositions. En effet si l'on voit à côté du droit du mari un devoir à lui imposé de veiller, en sa qualité de chef de ménage, à la conservation et à la prospérité des biens de la famille, on comprendra parfaitement pourquoi le mari mineur ne peut pas autoriser sa femme ; la loi ne l'a point permis, parce qu'elle ne lui reconnaît pas encore l'expérience suffisante pour lui confier la garde d'intérêts aussi graves. — Pourquoi la puissance maritale ayant cessé accidentellement, l'autorisation n'en demeure pas moins indispensable ; la perte des droits du mari ne fait pas que les intérêts matrimoniaux soient moins dignes de protection ? — Pourquoi enfin la femme peut invoquer la nullité résultant du défaut d'autorisation, car ces intérêts sont ceux de la femme elle-même qui peut ainsi se prévaloir de ce qu'il lui aura manqué telle ou telle garantie.

Nous venons d'écarter implicitement, avant même de l'avoir mentionné, un troisième système qui nous paraît inadmissible, bien qu'il puisse, à la rigueur, expliquer comme le second, un grand nombre des dispositions de la loi. Ce système, qui compte pour partisans des jurisconsultes remarquables, consiste à donner pour fondement à la nécessité de l'autorisation, outre la puissance maritale devant laquelle s'inclinent tous les systèmes, l'incapacité personnelle de la femme et son intérêt individuel. (Proudhon, *Traité sur l'état des personnes*, t. I, p. 455; M. Valette, *Explication sommaire du livre 1er du Code Napoléon*, p. 119; M. Mourlon, *Répétitions écrites*, t, 1, p. 387 et suiv.) Volontiers, nous dirions avec M. Demolombe que si la loi était à faire, ce dernier motif pourrait être sous certains rapports accepté avec fruit par le législateur; la théorie générale sur cette matière ne pourrait que gagner à ce que le droit de la femme à la protection du mari fût pris en considération tout comme le droit du mari à l'obéissance de la femme. Mais le législateur n'a montré nulle part une semblable préoccupation. Nous ne pouvons croire avec

M. Mourlon qu'il n'ait eu de confiance que dans la femme majeure qui ne se marie point, « estimant elle-même qu'elle est assez forte, assez expérimentée pour se passer d'un protecteur, » et qu'il ait cru à ce brevet d'incapacité que se donne elle-même celle qui se marie, « marquant par là même, continue toujours M. Mourlon, qu'elle ne se sent ni assez forte, ni assez expérimentée pour se charger seule du maniement de ses affaires. » La meilleure considération à faire valoir ici, est fort bien énoncée par M. Demolombe quand il dit : « Lorsque la femme est mariée, lorsqu'il y a là près d'elle un tuteur naturel et tout trouvé, eh bien ! je dis qu'il était sage d'en profiter.... » Mais on n'y a même pas songé et tout autre a été le point de départ des rédacteurs du Code Napoléon.

CHAPITRE II

Des actes auxquels s'applique l'incapacité de la femme mariée.

Nous traiterons dans deux sections différentes :
1° des actes judiciaires, et 2° des actes extra-judiciaires ; mais il est bon de dire auparavant quelques
mots sur le moment à partir duquel l'autorisation
maritale devient nécessaire, sur celui où elle cesse de
l'être et sur la question de savoir si elle est ou non
dépendante du régime sous lequel les époux sont
mariés.

A cette dernière question la réponse est fort simple : l'incapacité de la femme mariée est indépendante des différents régimes matrimoniaux sous lesquels les époux peuvent se trouver placés, soit en
vertu de leur contrat de mariage, soit pour n'avoir
point fait de contrat ; dans tous les cas, l'autorisation
est indispensable à la femme pour un grand nombre
d'actes ; les conventions matrimoniales peuvent cependant, sans jamais détruire le principe de l'incapacité, en restreindre quelque peu l'étendue, comme
nous aurons l'occasion de le voir plus loin.

L'incapacité de la femme mariée est une consé-

quence immédiate du mariage ; elle commence donc
à partir de sa célébration ; elle ne peut exister auparavant, comme le disait fort bien Pothier, l'effet ne
devant pas précéder la cause. Il est piquant de rappeler à ce propos que certaines coutumes ne s'étaient
point trouvées sans doute de cet avis : celle d'Artois
notamment qui assujettissait la femme à l'autorisation dès le jour des fiançailles (art. 87). ; et Dumou-
lin, qui avait coutume d'appeler les choses par leur
nom, qualifiait ainsi cette disposition : « Hoc inep-
tum cum possit majus scilicet discedere a sponsali-
bus. (Pothier, *De la puissance du mari*, n° 8.)

Cette incapacité de la femme mariée qui commence avec le mariage ; ne cesse que par sa dissolution ; elle existe pendant toute sa durée. La séparation de biens ne la fait point cesser, art. 215 et 217,
et la séparation de corps n'est pas plus puissante : La
femme séparée de corps est toujours mariée, et
toute femme mariée est soumise à la nécessité de
l'autorisation maritale. Certains auteurs regrettent
ce résultat que d'autres trouvent très-logique et
très-sage, puisque l'incapacité de la femme séparée
de corps n'est pas inconciliable avec la séparation
de corps elle-même. (Cass. 13 nov. 1844, Sirey,
1845, 1, 45. Aubry et Rau, *sur Zach.*, t. IV, § 472,
n° 4 ; Demolombe, t. IV. n° 119.)

Des Actes judiciaires.

Le premier cas d'incapacité dont nous avons à nous occuper, est relatif aux actes judiciaires. L'incapacité en matière d'actes judiciaires est spécialement prévue par l'article 215, qui est ainsi conçu : La femme ne peut ester en jugement sans l'autorisation de son mari ou de justice, quand même elle serait marchande publique, ou non commune, ou séparée de biens.

Ester en jugement n'est autre chose qu'une vielle formule, qui veut dire agir en justice, plaider, être partie dans un procès. C'est la traduction littérale donnée par nos anciens jurisconsultes de l'expression latine *stare in judicio*, traduction inexacte comme le fait judicieusement remarquer M. Demolombe, puisque c'est le mot *sententia* qui exprime l'idée d'une décision judiciaire, dans la langue du droit romain ; car *judicium* veut dire instance et non jugement.

Du reste, quelle que soit l'expression, la pensée du législateur ne peut faire aucun doute : la femme ne peut pas sans autorisation être partie dans un procès.

Cette défense est absolue du moins en matière civile, car nous verrons que lorsqu'il s'agit pour la femme de soutenir un procès en matière criminelle, correctionnelle ou de police, en un mot devant un tribunal de justice repressive, on doit distinguer suivant que la femme est demandeur ou défendeur au procès. Dans la première hypothèse la femme ne peut plaider sans être autorisée, dans la seconde au contraire, l'autorisation n'est pas nécessaire. Mais c'est là un point sur lequel nous n'avons pas à insister pour le moment car nous aurons occasion d'y revenir. Renfermons nous donc spécialement dans l'hypothèse où il s'agit pour la femme de plaider en matière civile et examinons dans tous ses détails l'incapacité qui la frappe.

Nous venons de dire que cette incapacité était absolue, et c'est évidemment ce qu'il faut conclure des termes généraux de l'art. 215. La femme ne pourra donc jamais agir en justice sans autorisation, et il n'y a point à tenir compte à cet égard du régime de mariage que les époux peuvent avoir adopté, de ce qu'elle est marchande publique, de la nature du procès qu'elle veut soutenir, de son rôle dans l'existance, enfin de l'époque où le procès a été engagé. C'est ce que nous allons examiner.

1° La nécessité pour la femme d'obtenir l'autorisation toute les fois qu'elle veut agir en justice, est indépendante avons nous dit, du régime de mariage que les époux peuvent avoir adopté. La femme devra donc demander cette autorisation, alors même qu'elle a conservé entre les mains, soit en vertu du régime même, soit en vertu d'uue clause particulière insérée au contrat de mariage, l'administration de tout ou partie de ses biens propres : C'est ce qu'exprime l'art. 215 en ces termes : quand même elle serait non commune ou séparée de biens. Remarquons du reste que l'expression de l'art. 215, «*même non commune*», faisant allusion à la femme qui se trouve mariée sous le régime exclusif de communauté, dont il est spécialement question aux art. 1530 à 1535, est un véritable non sens ; car il est évident que personne n'eût jamais songé à permettre à la femme mariée sous un tel régime, d'agir en justice sans autorisation, alors qu'il est une fois admis en principe que la femme même commune se trouve dans l'impossibilité de le faire.

Mais si l'expression *non commune* ne se comprend pas, les termes de l'art. 215 qui font allusion à la femme séparée de biens se comprennent au contraire parfaitement, nous devons même ajouter qu'ils étaient nécessaires. Et en effet, aux termes de l'art. 1449, la femme mariée sous le régime de séparation de biens, conserve entre ses mains l'administration de ses biens propres. Or peut-être aurait-on pu croire qu'en ce qui concerne cette administration, elle pouvait agir en justice sans avoir besoin d'être autorisée, d'autant plus que cette faculté lui était reconnue dans l'ancien droit. (V. art. 224, de la coutume de Paris) ce que Pothier (puissance du mari n° 62) trouvait tout naturel et approuvait comme étant une conséquence directe du pouvoir d'administration qui était confié à la femme.

Les rédacteurs du Code civil en ont jugé autrement, et comme on le voit, ils ont rejeté l'ancien droit sur ce point. Plaider est chose trop grave et trop dangereuse, il ne faut pas que la femme se lance témérairement dans un procés, l'autorisation de son mari ou de justice est donc une sanction morale qu'il faudra obtenir.

Ainsi donc, la faculté d'administrer ses biens, n'entraîne plus aujourd'hui pour la femme le droit d'ester en justice sans autorisation, et nous allons voir immédiatement une application de ce principe en examinant le cas ou la femme est marchande publique. La femme ne peut être marchande publique sans l'autorisation de son mari. Or, cette autorisation que le mari donne à sa femme d'être commerçante, lui permet de faire sans autorisation nouvelle, une foule d'actes pour lesquels il lui faudrait sans cela une autorisation spéciale. Elle a même, comme marchande publique, un très-large pouvoir d'administration et même de disposition. Et cependant elle ne peut pas ester en justice sans y être spécialement autorisée, et l'autorisation de faire le commerce ne va pas jusqu'à lui permettre de soutenir sans autorisation, même les procès qui seraient relatifs à son commerce. L'article 215 est encore formel sur ce point, et c'est ainsi que se trouve encore condamné le système de certaines coutumes qui, dans l'ancien droit, permettaient à la femme marchande publique, d'intenter et de soutenir sans autorisation spéciale, toute demande relative à son commerce. Telles étaient les coutumes de Dourdan, tit. VI, art. 80, et de Mantes, art. 125.

En dehors de l'exception que nous avons signalée et qui est relative au cas où la femme est poursuivie en matière criminelle, correctionnelle ou de police, la femme doit toujours être autorisée, qu'il s'agisse pour elle de soutenir un procès devant un tribunal de l'ordre judiciaire ou devant un tribunal de l'ordre administratif. L'autorisation sera donc nécessaire, alors même que la femme se présente devant le bureau de paix, ne s'agit-il que d'actions possessoires; car c'est là ester en jugement, et nous nous trouvons par conséquent dans les termes mêmes de la prohibition de l'art. 215.

De même, quelle que soit la nature du procès qu'elle veuille soutenir, la femme ne pourra point plaider sans autorisation. Elle devra donc se faire autoriser pour intenter contre son mari une demande en séparation de corps (Art. 87,) (8, Pro.), ou en séparation de biens (art. 865 du même code), ce qui ne saurait faire aucun doute puisque la séparation même prononcée, n'a point pour effet de permettre à la femme d'ester sans autorisation.

Du reste, dans ces deux cas, il est bien évident que ce ne sera point le mari qui autorisera sa femme. Ce ne sera même pas le tribunal tout entier comme cela doit avoir lieu lorsque l'autorisation doit émaner de la justice. Ce sera le président du tribunal et lui seul, sans que ce magistrat puisse même refuser son autorisation, car il n'y a là qu'une simple formalité de sa part. (M. Valette sur Proudhon. T. 1e, p. 456, note A.)

Remarquons du reste que la femme n'a nullement besoin d'être autorisée, pour présenter au président la requête par laquelle elle prie ce magistrat de l'autoriser à former sa demande en séparation.

Mais la femme ne peut pas sans autorisation provoquer l'interdiction de son mari, ou demander qu'il lui soit nommé un conseil judiciaire. La raison de douter pourrait se tirer des articles 490 et 513 du code civil aux termes desquels la femme est spécialement désignée comme personne recevable à provoquer cette interdiction. Or, pourrait-on dire par cela même que la loi accorde une action à la femme, elle l'autorise à l'exercer. Mais cette raison n'est pas décisive et les termes de l'article 215 sont absolus. Remarquons du reste que la nécessité d'une autorisation pourra souvent dans ce cas être fort utile pour prévenir une poursuite téméraire. (Rouen, 16 floréal, an XIII. Toulouse, 8 février 1823.)

Lorsque la femme poursuit ainsi l'interdiction de son mari ou demande qu'on lui nomme un conseil judiciaire, il arrivera le plus souvent que la justice sera appelé à donner cette autorisation. Mais, supposons que le mari ait lui-même autorisé sa femme, cette autorisation sera-t-elle valable? La femme sera-t-elle au contraire, malgré cette autorisation, tenue de demander celle de la justice? Nous pensons que cette autorisation sera parfaitement valable pourvu, bien entendu, qu'elle ait été donnée dans un intervalle lucide. Sans doute le mari ne peut pas provoquer lui-même sa propre interdiction, « car une addition aussi notable aux règles tracées par le Code civil en matière d'interdiction est trop difficile à admettre. (Valette sur Proudhon, T. II, p. 521.) Mais remarquons qu'il n'en n'est pas de même ici, et quant à nous, nous n'apercevons aucune raison de douter de la validité d'une pareille autorisation, donnée par le mari à sa femme.

Mais supposons maintenant qu'à l'inverse de l'hypothèse que nous venons d'examiner, ce soit la femme dont on poursuive l'interdiction, ou qu'on veuille pourvoir d'un conseil judiciaire. Même dans ce cas la femme devra être autorisée. Du reste cette autorisation résulterait évidemment de la demande en interdiction formée par le mari contre sa femme, car il est de principe que le mari demandeur contre sa femme, l'autorise par là même à se défendre. Mais si l'interdiction de la femme était poursuivie non pas par le mari, mais par les parents de la femme, le mari devrait alors l'autoriser expressément, (9 janvier 1822, cas.) Cet arrêt, tout en reconnaissant le principe que nous venons de poser, décide en même temps que le mari serait parfaitement recevable à attaquer par voie de tierce opposition le jugement d'interdiction rendu contre la femme qui n'aurait pas été autorisée.

Supposons maintenant que la femme demande la nullité de son propre mariage ; même dans ce cas elle doit être autorisée. Cette décision paraît singulière au premier abord. Elle n'en n'est pas moins parfaitement logique et il n'est nullement contradictoire d'exiger dans ce cas de la part de la femme, qu'elle procède comme si elle était mariée et qu'elle subisse les conséquences d'un acte juridique dont elle veut cependant soutenir la nullité. Par cela même en effet que la femme veut en droit faire déclarer nul son mariage, elle reconnaît qu'il existe en fait. Or, cela suffit pour qu'il produise ses effets juridiques jusqu'à ce que la justice en ait prononcé la nullité. Nous revenons donc au principe de l'art. 215 et à la nécessité d'une autorisation. Du reste, c'est là un point généralement admis par les auteurs et consacré par une jurisprudence que nous croyons constante. (Cas. civil. 21 janvier 1845. — Req. res. 10 février 1851. — Civil cas. 19 mai 1858.)

Remarquons du reste, que la femme n'a pas besoin d'être spécialement autorisée pour demander la nullité de son mariage, lorsqu'elle oppose cette nullité reconventionnellement et comme moyen de défense à une demande que son mari a formée contre elle, l'autorisation résultant évidemment pour la femme, de la demande que le mari a intentée contre elle. C'est du reste, ce qu'a jugé la cour de cassation par arrêt du 21 janvier 1845 : Dans l'espèce il s'agissait d'un mari qui avait formé contre sa femme une demande en réintégration du domicile conjugale et la femme lui répondait par une demande en nullité de mariage.

Remarquons enfin, que dans l'hypothèse qui nous occupe, c'est-à-dire dans le cas où la femme intente une demande en nullité de mariage, l'autorisation présente un caractère tout différent qu'en matière de séparation. En matière de séparation, nous l'avons vu, l'autorisation est accordée par le président qui ne peut même pas la refuser. Ici au contraire, c'est bien la justice qui autorise, le principe à appliquer est l'article 218, les tribunaux ont un pouvoir d'appréciation, ils peuvent accorder l'autorisation, ce qui entraîne nécessairement le droit de la refuser.

La femme doit être autorisée pour chaque degré de juridiction; elle est donc incapable, après avoir plaidé en première instance, de plaider en appel sans une nouvelle autorisation; et si elle a plaidé en appel, il faut encore qu'elle soit autorisée pour plaider en cassation. Mais il est controversé de savoir si l'autorisation de plaider devant un tribunal lui permet de se présenter valablement devant un autre? Nous examinerons cette question alors qu'il s'agira pour nous d'interpréter les effets de l'autorisation une fois donnée.

Quelque soit le rôle de la femme dans l'instance, quelque soit son adversaire, la femme doit être autorisée. La question ne saurait être douteuse, que pour le cas, où la femme a son mari pour adversaire. Or même dans ce cas, nous l'avons vu déjà, la femme doit être autorisée. Elle l'est du reste virtuellement par cela même que le mari est demandeur contre elle, dans le cas contraire l'autorisation doit être expresse.

La femme a besoin d'être autorisée à quelqu'époque que l'instance ait été engagée. Donc si nous supposons une instance liée soit avec une fille qui se marie, soit avec une veuve qui se remarie pendant le cours du procès, la femme ne peut plus procéder ultérieurement sans y être autorisée. (Pothier, *Puissance du mari*, n° 56). Mais de là nous devons immédiatement conclure que si un jugement ou un arrêt ont été rendus à son profit ou contre elle alors qu'elle était fille où veuve, elle devra être autorisé pour plaider en appel où pour se pourvoir en cassation contre le jugement où l'arrêt ainsi rendu.

Remarquons du reste, que si l'affaire est en état, au moment où a lieu le mariage de la fille où de la veuve, aucune autorisation n'est nécessaire et le jugement où l'arrêt ne sera pas différé. art. 342. C. *Pro.* De plus aux termes de l'art. 345 du même Code, le changement d'état de la fille où de la veuve n'empêche pas de continuer contre elle les procédures, alors même qu'elle n'a pas été autorisée, tant que son mariage n'a pas été notifié à la partie adverse. *Req. rej*. 10 décembre 1842 :

Ainsi donc, il faut soigneusement distinguer suivant que le mariage intervient alors qu'un procès est pendant devant une juridiction quelconque; ou au contraire suivant que la femme, fille où veuve se marie, alors que l'une des périodes du procès est expirée, c'est-à-dire après le jugement du tribunal de première instance, où après l'arrêt de la cour mais avant le recours en cassation. Dans le premier cas en effet, la partie peut comme nous venons de le voir, continuer valablement contre la femme la procédure, tant que le mariage ne lui a pas été notifié ; Dans le second au contraire, comme il s'agit là d'une instance nouvelle, nulle exception n'étant apportée au principe de l'autorisation, l'art. 215 reprend son empire, et l'adversaire de la femme ne peut rien faire sans qu'elle ait été autorisée.

Section II

Des actes extrajudiciaires.

Le principe de l'incapacité de la femme mariée, en matière d'actes extrajudiciaires est ainsi posé par l'art. 217 : « La femme même non commune ou

séparée de biens ne peut donner, aliéner, hypothéquer, acquérir à titre gratuit où onéreux, sans le
concours du mari dans l'acte où son consentement
par écrit.

Nous avons vu que l'incapacité de la femme en
matière d'actes judiciaires était absolue, en ce sens
qu'elle était indépendante du régime de mariage
adopté par les époux. Il n'en est pas de même de
l'incapacité édictée par cet article 217. Nous ver-
rous en effet, que cette incapacité souffre certaines
restrictions à raison même du régime de mariage
que les époux peuvent avoir adopté; que la femme
dans le cas de séparation de biens conventionnelle
où judiciaire, où sous le régime dotal, peut valablement faire sans autorisation certains actes pour lesquels elle aurait spécialement besoin d'être autorisée sous certains régimes.; en un mot que l'incapacité de la femme est plus étendue sous certains
régimes, plus sous restreinte d'autres. Aussi a-t-
on pu dire avec raison, que l'art. 1124 en déclarant que : les incapables de contracter sont
les.... femmes mariées dans les cas exprimés
par la loi, était plus exacte dans sa formule que
l'art. 217.

Mais revenons à l'art. 217 lui-même, et parcourons successivement les différents cas d'incapacité
qu'il édicte. Nous allons donc en suivant l'ordre de
cet article, examiner les points suivants. 1° Incapacité d'aliéner, ce qui comprend naturellement, l'in-

capacité de donner. 2° Incapacité d'hypothèquer.
3° Incapacité d'acquérir. 4° Enfin, incapacité de s'o-
bliger comprise implicitement dans l'art. 217, et
expressément dans les art. 220, 251, 222 et 224,
Cod. Nap.

§ I.

Incapacité d'aliéner.

La femme mariée ne peut sans autorisation, faire
aucune aliénation de meubles ou d'immeubles,
soit à titre gratuit, soit même à titre onéreux. Examinons donc d'abord les aliénations à titre gratuit.

La femme mariée ne peut pas faire sans autorisation de donation entre vifs, quoique cependant elle
n'ait pas besoin d'être autorisée pour pouvoir faire
son testament, et cette incapacité s'applique aussi
bien aux meubles qu'aux immeubles. Du reste,
aucune difficulté ne saurait s'élever relativement
aux immeubles ; à cet égard la défense est absolue.
Quel que soit le régime de mariage adopté par les
époux, que ce régime soit le régime de séparation
de biens, ou le régime dotal, en un mot, alors
même que la femme aurait conservé entre ses
mains l'administration de tout ou partie de ses biens

propres, elle ne pourra pas, sans y être spécialement autorisée, faire une donation d'immeubles.

Mais la prohibition édictée par l'art. 217, ne doit-elle pas recevoir une exception en matière de donations de meubles, toutes les fois que la femme est séparée de biens. Ne faut-il pas à son égard distinguer entre les donations mobilières et les donations immobilières, et déclarer qu'elle peut valablement faire les premières, sans avoir besoin d'être autorisée?

La raison de douter vient de l'art. 1449, al. 2 qui est ainsi conçue : La femme peut disposer de son mobilier et l'aliéner. Or a-t-on dit, puisque l'art. 1449 accorde ainsi à la femme séparée de biens dans les termes les plus absolus le droit de disposer de son mobilier, et de l'aliéner, il lui est permis par la même, d'en disposer et de l'aliéner sans autorisation. (Delvincourt 211 page 58 not. 16.)

Mais cette opinion doit être rejetée, car il est impossible de l'admettre en face de la prohibition absolue des art. 217 et 905. Sans doute l'art. 1449 2e alinéa, permet à la femme de disposer de son mobilier, mais remarquons qu'il faut interpréter ce deuxième alinéa de l'art. 1409 par le premier ; d'où il résulte que la faculté d'aliéner son mobilier, donnée à la femme séparée de biens par ce deuxième alinéa de l'art. 1449 n'est point absolue, mais qu'elle comprend seulement les aliénations rentrant dans le cercle de la libre administration qui lui est conférée par le premier alinéa. Or une donation n'est point un acte d'administration et par conséquent nous ne pouvons pas reconnaître à la femme séparée de biens le droit de faire une donation sans y être autorisée alors que l'art. 1449 ne lui reconnait précisément que le droit d'administrer. C'est ce qu'a jugé la cour de Paris le 28 juin 1851, en déclarant que la donation d'un capital mobilier faite par la femme séparée de biens, était nulle comme faite sans autorisation. Du reste nous admettons que la femme séparée de biens pourra faire seule et sans autorisation ces dons modiques, ces gratifications qui sont dans les usages et qu'on peut en général considérer comme rentrant dans la sphère des actes d'administration ; sans aller toutes fois aussi loin que l'arrêt de la cour de Paris que nous venons de citer, qui, tout en reconnaissant en principe la nullité des donations mobilières faites par la femme sans autorisation, décide cependant dans l'espèce, que la femme séparée de biens, peut sans aucune autorisation donner une portion de ses revenus à mesure qu'elle les touche et avant qu'ils soient suffisamment accumulés pour former un capital mobilier.

Quant à nous, nous pensons que cette question posée en principe doit être résolue négativement, et qu'il n'y a relativement à la validité des donations mobilières faites sans autorisation par une femme séparée de biens, aucune distinction à faire entre le

cas où la femme donne un capital mobilier proprement dit, ou celui au contraire où elle ne fait que
donner une portion de ses revenus; sauf, bien entendu, l'application du principe que nous avons posé
et qui tend à reconnaître comme valablement faite
une donation modique rentrant dans la sphère des
actes d'administration.

La femme ne pouvant pas sans être autorisée faire
une donation entre-vifs, ne pourra pas non plus
sans autorisation faire une institution contractuelle;
car il est généralement admis que pour faire une
institution de ce genre il ne suffit pas d'avoir la capacité de tester, mais il faut avoir la même capacité
que pour faire une donation entre-vifs. Ce serait
donc à tort qu'on étendrait à l'institution contractuelle l'exception que les art. 226 et 905 établissent
pour les testaments, à la nécessité générale de l'autorisation maritale. (Aubry et Rhau, t. VI, § 739,
note 16.) Remarquons que ces auteurs considèrent
à tord Grenier comme faisant à l'institution contractuelle l'extention dont il s'agit; il est en effet
facile de se convaincre que cet auteur est complètement de leur avis. (V. Grenier, des Donations, t. II,
n° 451.)

Nous venons d'examiner les aliénations de meubles ou d'immeubles que la femme pourrait faire à
titre gratuit et sans autorisation. Passons maintenant aux aliénations à titre onéreux. A cet égard
une distinction est nécessaire entre les aliénations

à titre onéreux d'immeubles et les aliénations mobilières. Quant aux aliénations à titre onéreux d'immeubles, la prohibition est encore ici absolue et la femme est incapable de les faire sans autorisation, quelque soit d'ailleurs le régime sous lequel elle se trouve mariée; c'est ce que décide l'art. 217 dont la prohibition se trouve ainsi reproduite par l'art. 1538 : « dans aucun cas, ni à la faveur d'aucune stipulation la femme ne peut aliéner ses immeubles sans le consentement de son mari ou à son refus sans être autorisée par la justice.

La femme ne pourra donc pas vendre ses immeubles, ni les échanger. Elle ne pourra pas non plus constituer sur eux un usufruit ou des servitudes, car de pareils actes sont de véritables aliénations. La cour de cassation a même jugé : req. rejet 22 novembre 1841 : qu'elle ne pourrait pas sans autorisation donner à antichrèse l'usufruit d'un de ses immeubles.

L'incapacité d'aliéner sans autorisation s'applique à tous les immeubles de la femme sans distinction. Elle devrait donc s'appliquer alors même qu'il s'agirait d'immeubles qu'une femme séparée de biens a achetés avec les économies qu'elle a faites sur ses revenus, ou sur les bénéfices de son commerce s'il s'agissait d'une femme commerçante.

Les termes des art. 217 et 1538 sont trop absolus pour qu'il soit possible d'admettre le contraire. M. Demolombe IV, 152, repousse d'ailleurs l'objection que l'on pourrait faire dans ce cas : que la femme séparée de biens ayant le droit de disposer de ses revenus et la femme commerçante des bénéfices de son commerce, c'est l'encourager à les dépenser et à les prodiguer que de déclarer inaliénable sans autorisation les immeubles qui en proviennent. Non, dit-il, ce n'est pas l'encourager à la prodigalité et à la dépense, c'est au contraire récompenser son esprit d'ordre en assurant des garanties de conservation à ce que ses économies ont produit. Du reste, c'est là une décision analogue à celle que l'on donne généralement en ce qui concerne le mineur émancipé, qui peut bien toucher ses revenus sans l'assistance de son curateur ; mais qui ne saurait sans l'assistance de ce curateur aliéner les immeubles qui proviendraient des économies faites sur ces mêmes revenus. Voir cependant en sens contraire relativement à la femme mariée : Req. rej., 8 sept. 1814.

Nous venons de voir que la femme ne pourrait jamais sous aucun régime de mariage aliéner à titre onéreux ses immeubles sans y être autorisée. Il n'en est pas de même des aliénations à titre onéreux de meubles, et à cet égard l'incapacité de la femme varie suivant le régime adopté par les époux.

Sans doute l'incapacité d'aliéner même à titre onéreux sans autorisation est bien encore ici la règle, mais c'est une règle qui n'est pas sans exceptions. Ces exceptions se présentent toutes les fois que la femme a conservé entre ses mains l'administration de tout ou partie de ses biens propres.

Dans ce cas en effet, elle peut valablement faire sans autorisation toute aliénation mobilière à titre onéreux, car il est de principe que la faculté d'administrer entraîne nécessairement le droit de disposer des meubles à titre onéreux. Toute aliénation mobilière à titre onéreux et sans autorisation lui est donc permise toutes les fois qu'elle est séparée de biens d'avec son mari, qu'elle soit ainsi séparée par suite du régime adopté par les époux, 1536, où par suite d'une séparation judiciaire, 1449. Lorsque le régime adopté par les époux est le régime dotal avec des biens paraphernaux, art. 1576. Enfin, lorsque les époux ayant adopté tout autre régime, une clause particulière insérée au contrat de mariage, réserve à la femme l'administration de certains de ses biens personnels. Dans tous ces cas le droit d'administration confiée à la femme lui permet d'aliéner son mobilier sans autorisation. Dans tous autres cas, l'incapacité reprend son empire et la nécessité de l'autorisation est indispensable.

Remarquons du reste, qu'en pratique c'est bien véritablement le cas d'incapacité qui se présentera le plus fréquemment, car le régime de séparation de biens et le régime dotal sont des régimes exceptionnels qui sont aujourd'hui rarement adoptés même dans le Midi de la France. Le régime de la communauté réduite aux acquets est en effet devenu presqu'universel, et il est bien rare lorsque les époux adoptent ce régime de trouver insérée au contrat de mariage une clause réservant à la femme l'administration de tout ou partie de ses biens propres.

Parmi les personnes qui peuvent valablement et sans autorisation aliéner à titre onéreux leurs meubles, nous n'avons pas mentionné la femme commerçante. C'est qu'en effet l'art. 7 du Code de commerce, aux termes duquel la femme autorisée à faire le commerce peut aliéner non-seulement ses meubles, mais encore ses immeubles, sans une nouvelle et spéciale autorisation, ne contient véritablement pas une exception à la nécessité de l'autorisation, mais déroge simplement au principe de la spécialité posé par l'art. 223, et reproduit dans l'art 1518 et sur lequel nous aurons plus tard à nous expliquer.

§ II

De l'incapacité d'hypothéquer.

La femme ne peut jamais sans autorisation, quelque soit le régime de mariage sous lequel elle est mariée, hypothéquer ses immeubles sans autorisation : l'art. 217 contient à cet égard des dispositions formelles.

Du reste, il eut été facile de suppléer sur ce point à la prohibition de cet art. 217 car il est de principe, art. 2124, que l'hypothèque ne peut être consentie que par ceux qui ont la faculté d'aliéner les immeubles qu'ils y soumettent. Or la femme ne pouvant pas sans autorisation aliéner ses immeubles, il en résultait nécessairement qu'elle ne pouvait pas non plus les hypothéquer sans autorisation.

Ainsi donc en matière d'hypothèque, prohibition formelle et absolue : tel est le principe. Et cependant certains auteurs ont soutenu que toutes les fois que la femme conserve entre ses mains l'administration de tout ou partie de ses biens propres elle peut valablement et sans autorisation hypothéquer ses immeubles, toutes les fois que l'hypothèque qu'elle consent ainsi ne sert qu'à garantir une obligation qu'elle a contractée pour cause d'administration.

Cette opinion qui doit être naturellement soutenue, par tous ceux qui admettent que la validité de l'hypothèque dépend uniquement de la validité de l'obligation principale, ne nous paraît pas admissible en présence de l'art. 2124 combiné avec les art. 217 et 1449, 3e alinéa. Nous pensons en effet, que la capacité de constituer une hypothèque est une capacité spéciale et indépendante, et qu'il faut pour pouvoir hypothéquer, non pas seulement avoir la faculté de s'obliger personnellement, mais encore avoir le droit d'aliéner d'une manière absolue l'im-

meuble qu'on veut hypothéquer, d'où nous sommes
forcé de conclure que la faculté d'administrer ne
donne pas à la femme le droit d'hypothéquer ses
immeubles sans autorisation.

§ III.

De l'incapacité de s'obliger.

Lorsqu'une personne s'oblige, elle confère par
cela même à son créancier le droit de faire vendre
ses biens. Or, nous avons reconnu qu'en principe la
femme ne pouvait pas aliéner sans autorisation soit
ses meubles, soit ses immeubles, d'où nous devons
conclure qu'elle ne saurait s'obliger sans autorisation, car elle ne peut conférer à d'autres le droit de
faire vendre ses biens, puis qu'elle ne l'a pas elle-
même. Cette incapacité qui découle, commé on le
voit, naturellement du principe posé par l'art. 217
se trouve de plus mentionnée d'une façon expresse
dans les art. 220, 221, 222 et 224.

Du reste, l'incapacité de s'obliger étant, comme
on le voit, nécessairement calquée sur l'incapacité
d'aliéner, il faut reconnaître que dans les cas où la
femme peut exceptionnellement aliéner ses biens,
elle peut également et sans autorisation, s'obliger

dans la même mesure. Or, la femme séparée de biens ou se trouvant dans une situation analogue, peut valablement aliéner son mobilier pourvu que ce soit pour cause d'administration, elle peut donc aussi pour la même cause s'obliger sans autorisation.

Mais qu'elle doit être l'étendue d'une obligation que la femme a ainsi contractée? Doit-elle s'exé-- cuter et sur ses meubles et sur ses immeubles, ou seulement sur ses meubles? C'est là une des questions les plus controversées et des plus importantes, mais que nous examinerons plus tard en traitant spécialement de la capacité de la femme séparée de biens.

§ IV·

De l'incapacité d'acquérir.

La femme ne peut pas sans autorisation, faire aucune acquisition soit à titre gratuit, soit à titre onéreux de meubles ou d'immeubles. Art. 217.

Cette défense faite ainsi à la femme d'acquérir même à titre gratuit, est conçue à la fois dans un esprit de défiance et de protection. De défiance, car il est important pour la dignité du mari et pour celle du ménage, que le mari connaisse la source des libéralités qu'on peut faire à sa femme et qu'il les

approuve. De protection, car alors même qu'il s'agit
d'une de ces acquisitions que la loi qualifie d'acquisition à titre gratuit, cette acquisition peut entraîner
des charges fort onéreuses et qui, par conséquent,
pourraient être dangereuses pour la fortune de la
femme ; aussi la loi a-t-elle pensé qu'il était nécessaire que le mari ou la justice appréciat l'avantage
ou la perte qui peut résulter d'une libéralité qui lui
est ainsi faite. C'est ainsi que les donations entre-
vifs sont souvent soumises à des conditions rigoureuses.

La femme ne pouvant pas sans autorisation de son
mari ou de justice faire aucune acquisition à titre
gratuit, il en résulte qu'elle ne peut pas sans être
autorisée : 1° Accepter une succession proprement
dite ou légitime. (Art. 776.) 2° Qu'elle ne peut pas
non plus accepter une donation entre-vifs. (Art. 934).
Nous aurons, du reste, plus tard à nous occuper d'un
point très-controversé touchant les effets du défaut
d'autorisation en matière d'acceptation de donation.
Quant aux legs ou successions testamentaires, nous
ne trouvons au code civil, aucune disposition spéciale qui en interdise à la femme l'acceptation sans
autorisation de son mari ou de justice, mais cette
interdiction résulte évidemment des termes généraux de l'art. 217, qui rendaient même inutiles les
dispositions des art. 776 et 934.

Les raisons que nous venons de donner des motifs même qui ont porté le législateur à édicter la

prohibition faite à la femme de faire toute acquisition à titre gratuit sans y être autorisée, ont déjà
fait comprendre qu'il s'agissait d'une incapacité
absolue, c'est-à-dire invariable et indépendante du
régime de mariage que les époux peuvent avoir
adopté.

L'art. 217 est du reste formel sur ce point, en ce
qui touche la femme séparée de biens, et nous ne
devons pas même en excepter la femme séparée de
corps. Quant à la femme mariée sous le régime
dotal, il est encore hors de doute qu'elle ne peut pas
acquérir sans y être autorisée. Il est vrai qu'il en
était différent dans l'ancien droit; l'art. 9 de l'ordonnance de 1731 sur les donations permettait en
effet à la femme mariée sous le régime dotal, d'acquérir seule et sans autorisation, les biens qui lui
seraient donnés pour lui tenir lieu de paraphernaux. Mais cette disposition et son abrogation, nous
ramènent naturellement au principe de l'incapacité,
d'où nous devons conclure, que pas plus que sous
tout autre régime, la femme mariée sous le régime
dotal, ne peut acquérir à titre gratuit sans autorisation, alors même qu'il s'agirait de biens devant lui
tenir lieu de paraphernaux.

Nous venons de voir que la femme mariée ne pouvait pas sans autorisation acquérir à titre gratuit
soit des meubles, soit des immeubles. Il en est de
même des acquisitions à titre onéreux, l'art. 217
est encore formel sur ce point et c'est d'ailleurs une

conséquence nécessaire et forcée de la défense faite à la femme d'aliéner ou de s'obliger sans autorisation. Toute acquisition à titre onéreux suppose en effet un équivalent réciproque donné et reçu par les parties. Or, la femme ne pouvant aliéner ou s'obliger sans autorisation, ne peut pas naturellement acquérir à titre onéreux sans y être autorisée.

Du reste, cette solution que la femme ne peut pas acquérir à titre onéreux sans y être autorisée, n'est point contraire à ce qui se passe tous les jours devant nos yeux. Journellement, en effet, les femmes ont l'occasion de faire de nombreux achats d'objets divers sans y être autorisées, et cependant ces achats ne sont pas entachés de nullité. Ils sont au contraire la plupart du temps du moins parfaitement valables, non point parce que la femme a été autorisée, mais parce que le mari est censé lui avoir donné mandat de faire ces acquisitions. Il ne s'agit donc plus ici d'autorisation de la femme, mais bien de procuration et de mandat. En un mot la femme ne s'est pas elle-même obligée, elle n'est que le mandataire de son mari, c'est lui seul qui a acquis, c'est lui seul qui est obligé.

Quant à la question de savoir dans quels cas et quelles limites, le mari doit être considéré comme ayant ainsi donné mandat à sa femme de l'obliger, c'est là un point qui présente de très-graves et très-nombreuses difficultés, mais qu'il ne nous appartient pas de discuter, car il est en dehors de notre sujet.

Remarquons enfin en terminant, que l'incapacité pour la femme d'acquérir à titre onéreux soit des meubles, soit des immeubles, n'est pas comme celle d'acquérir à titre gratuit absolue et indépendante du régime de mariage que les époux peuvent avoir adopté. Nous verrons en effet plus tard, qu'il faut admettre, malgré les termes absolus et sans aucune restriction de l'art. 217, que la femme séparée de biens, peut seule et sans autorisation acquérir à titre onéreux dans une certaine limite, soit des meubles, soit des immeubles, toutes les fois que l'acquisition qu'elle fait ainsi rentre dans la sphère des actes d'administration. Mais c'est là un point que nous ne faisons que signaler pour le moment, nous réservant de le développer plus tard dans tous ses détails lorsque nous examinerons qu'elle est la capacité de la femme en matière de régime et de séparation de biens.

CHAPITRE III.

De la capacité que la femme mariée conserve sous tous les régimes.

Nous venons d'examiner les différentes restrictions que le mariage apporte à la capacité de la
femme et de parcourir l'étendue même de cette incapacité. Il nous reste maintenant pour être com-
plet, à examiner quels sont les actes qu'indépen-
damment de tout régime de mariage, elle peut toujours faire seule et sans autorisation, en un mot, à
rechercher ce qui lui reste de capacité.

Le principe à cet égard est posé dans l'art. 1123
qui déclare que toute personne peut valablement
contracter à moins qu'elle n'en n'ait été déclarée
incapable par la loi. Ce principe général qui domine
toutes les législations se trouve spécialement reproduit relativement à la femme mariée dans l'article
1124. Ainsi donc, les incapacités sont de droit étroit,
on ne peut les étendre en dehors des limites tracées
par la loi, d'où nous devons immédiatement conclure que la femme peut valablement faire sans autorisation tout acte ne rentrant pas dans les termes
de la prohibition des art. 215 et suivants, c'est-à-
dire ne comprenant ni acquisition, ni aliénation, ni

constitution d'hypothèque, ni obligation, etc. Tel
est donc le premier principe qui doit servir de règle
pour faire décider si la femme peut faire tel ou tel
acte sans autorisation : l'acte n'a pas besoin de lui
être permis, nous le répétons encore, il suffit qu'il
ne lui soit pas défendu.

Mais ce n'est pas tout, elle peut faire seule et sans
y être autorisée un acte qui, cependant, rentre bien
dans les termes de la prohibition des art. 215 et suivants, c'est-à-dire qui constitue bien un procès, une
acquisition, une aliénation, une obligation, et c'est
ce qui arrivera toutes les fois que la loi aura, soit
expressément, soit tacitement dispensé cet acte de
la nécessité de l'autorisation. Nous allons donc examiner successivement quels sont les actes que la
femme peut faire seule et sans autorisation par cela
même qu'ils ne lui ont pas été interdits, et nous
rechercherons ensuite si une disposition législative
expresse ou tacite la dispense de demander l'autorisation pour certains actes qui, cependant, rentrent
bien dans les termes de la prohibition édictée par
les art. 215 et suivants. Nous n'avons pas d'ailleurs
l'intention d'examiner dans tous leurs détails et
d'énumérer tous ces actes, nous nous contenterons
de passer en revue les principaux, en nous arrêtant
particulièrement sur ceux là même au sujet desquels
il peut s'élever quelques controverses.

Du principe que la femme peut valablement faire
sans autorisation tout acte qui ne lui est pas spécia-

lement interdit, il résulte qu'elle n'a pas besoin d'être autorisée pour exercer sur ses enfants les droits de la puissance paternelle. Et en effet, par cela même que la loi confère à la mère quelques uns de ses droits qui pour la plupart appartiennent au père, par cela même elle l'habilite suffisamment à les exercer sans autorisation, car autrement la loi ne ferait qu'enlever d'une main à la femme ce qu'elle lui concède de l'autre.

1° La femme n'a donc pas besoin d'être autorisée pour consentir au mariage de ses enfants, et il n'y a point à cet égard de distinction à faire entre les enfants d'un premier lit et ceux au contraire qu'elle peut avoir eu du mari sous la puissance duquel elle se trouve au moment où elle donne ce consentement.

M. Rolland de Villargues (répertoire du notariat, v. consentement au mariage n° 9), semble cependant soutenir une pareille distinction et n'admettre la validité du consentement au mariage donné par la femme sans autorisation, que lorsqu'il s'agit d'enfants qui sont nés d'un premier lit ; car il parle uniquement de la veuve remariée dont le consentement est requis pour le mariage de ses enfants. Cette opinion, nous l'avons dit, ne nous paraît pas acceptable, et il nous paraît impossible de l'appuyer d'une disposition législative, car le droit de consentir au mariage ne constitue point l'un des actes prohibés par les art. 215 et suivants ; ainsi donc, la femme n'aura pas besoin d'être autorisée, alors même que le mari existe encore et qu'il s'agit pour elle de consentir au mariage d'enfants nés de son mari.

2° La femme peut encore sans autorisation prendre toutes les mesures qui ont uniquement pour objet la conservation ou la sûreté de ses droits, pourvu, bien entendu, que les actes qu'elle fait ainsi soient de telle nature qu'ils n'exigent pas l'introduction d'une demande en justice ou qu'ils ne lui imposent pas quelque obligation.

Elle n'a donc pas besoin d'être autorisée pour faire sommation à ses débiteurs afin de les constituer en demeure, ou pour faire un protêt qui assurera ses droits contre les endosseurs d'une lettre de change, ou toutes saisies, arrêts ou oppositions et autres actes de même nature.

De même elle pourra sans autorisation, alors même qu'elle est mineure, présenter au président du tribunal la requête par laquelle elle demande l'autorisation de plaider en séparation de corps ou en séparation de biens, ainsi que celles par lesquelles elle demande toute autre autorisation judiciaire et dont il est parlé dans les art. 661, 863 et 864 du Code de procédure.

Elle pourra de même faire inscrire son hypothèque légale sur les biens de son mari (art. 2139 et 2193), ou toute autre hypothèque sur les biens d'un tiers. Requérir une transcription ; soit la transcription

d'une donation entre-vifs qu'elle a été préalablement autorisée à accepter (l'art. 940 est exprès sur
ce point), soit la transcription de tout autre acte
qu'une donation dans les cas ou cette transcription
est nécessaire depuis la loi du 23 mars 1855, soit
enfin celle qui est prévue et ordonnée par l'art. 171
du Code civil, c'est-à-dire la transcription en France
sur les registres des actes de l'état civil de l'acte de
célébration de son mariage contracté en pays
étranger.

La femme peut valablement faire seule et sans
autorisation les différents actes que nous venons
d'énumérer. Mais devons-nous aller plus loin et
pouvons-nous admettre que lorsque la femme a fait
seule et sans autorisation l'un des actes dont nous
venons de parler elle se trouve valablement obligée
à payer le coût de l'acte soit à l'huissier, soit à tout
autre officier ministériel qu'elle a employé à cet
effet? L'affirmative ne nous paraît pas douteuse. Il
est bien vrai qu'en principe, nous l'avons reconnu, la
femme ne peut pas s'obliger sans autorisation. Mais
remarquons qu'ici l'obligation de payer le coût à
l'officier ministériel, n'est en définitive que le moyen
même d'accomplir un acte que nous reconnaissons
valable, alors même qu'il est fait sans autorisation.
Or qui veut la fin veut évidemment les moyens; et il
ne nous paraît pas possible de soutenir, que la capacité pour la femme de faire l'acte lui-même, n'emporte pas implicitement pour elle la capacité acces-

soire de faire tout ce qui est nécessaire pour l'accomplir. Il faut donc admettre cette petite exception à la prohibition faite à la femme de s'obliger sans autorisation, car elle a sa base dans le plus évident bon sens.

Nous venons de voir que la femme peut faire seule, sans autorisation, tout acte conservatoire contre les tiers ; nous devons immédiatement ajouter, qu'il en sera de même pour les actes conservatoires faits par les tiers contre la femme mariée, et qu'ils seront valable alors même qu'elle n'aura pas été autorisée.

Mais prenons garde, n'allons pas pousser trop loin les conséquences des principes que nous venons de poser touchant la validité des actes conservatoires faits sans autorisation par la femme vis-à-vis des tiers où par les tiers vis-à-vis de la femme. Sans doute qui veut la fin veut évidemment les moyens, qui veut la validité de l'acte conservatoire, doit déclarer valable le moyen de l'exécuter, mais nous devons nous arrêter à cette limite et nous ne pouvons pas aller plus loin. Donc toutes les fois qu'il s'agira pour la femme ou pour le tiers, d'intenter à l'occasion d'un acte purement conservatoire, une demande en justice ; par exemple pour faire déclarer la validité d'une saisie arrêt ; comme il s'agit là d'une instance judiciaire, le principe de l'autorisation reprendra son empire et l'instance ne pourra être valablement introduite, que si la femme est autorisée.

Remarquons du reste, que si nous déclarons valables les actes de conservation faits par les tiers
envers la femme, nous n'allons cependant pas jusqu'à déclarer, que des actes d'exécution pourront être
valablement faits par des tiers contre une femme
qui n'est pas autorisée. Des arrêts ont cependant
soutenu le contraire, en se fondant sur ce que l'autorisation du mari n'est nécessaire à la femme que
pour ester en justice, que la poursuite en expropria-
tion ne constitue pas une instance judiciaire, et
qu'aux termes de l'art. 2208, il suffit que l'expro-
priation soit poursuivie contre le mari et la femme.
Mais c'est précisément l'art. 2208 qui nous engage
à repousser cette opinion, car cet article prouve
bien que l'autorisation est nécessaire, puisqu'il déclare qu'au refus du mari de procéder avec sa femme,
celle-ci peut être autorisée par la justice.

Remarquons enfin que la femme n'a pas besoin
d'être autorisée pour révoquer le mandat qu'elle a
donné soit à son mari, soit à un tiers. Caen, 15
juillet 1824.

Examinons maintenant les différents actes qui
rentrent bien dans les termes de la prohibition des
art. 215 et suivants, mais que la loi permet exceptionnellement et d'une manière expresse à la femme
de faire seule et sans autorisation. L'art. 216 est
ainsi conçu : l'autorisation du mari n'est pas nécessaire lorsque la femme est poursuivie en matière
criminelle ou de police. Cet art. 216 contient donc

une exception importante, à la défense faite à la femme d'ester en justice sans y être autorisée.

Remarquons tout d'abord et avant d'entrer dans les détails de cette exception, que la femme poursuivante en matière criminelle ou de police, n'est pas comprise dans l'exception; elle reste donc dans ce cas soumise aux règles générales, c'est-à-dire au principe de l'incapacité sans autorisation. De plus, il est également certain, quoique le code ne parle que des matières criminelles ou de police, qu'il faut également comprendre dans l'exception la femme qui est poursuivante en matière correctionnelle.

Et maintenant arrivons aux motifs même, qui ont porté le législateur à édicter une exception aussi importante, au principe général de l'incapacité de la femme mariée en matière d'actes judiciaires. Ces motifs ne se trouvent pas comme la soutenu Proudhon, t. 1er, page 458, dans cette idée que le mari ne pouvant pas arrêter dans de telles matières l'action de la loi, il était inutile et même illogique de maintenir le principe de l'autorisation maritale. Et, en effet, cette raison, comme le fait judicieusement observer M. Valette, mènerait beaucoup trop loin. D'ailleurs, est-ce qu'au civil même le mari ou la justice en refusant l'autorisation contre la femme peuvent arrêter l'action, évidemment non? La femme sera condamnée par défaut, voilà tout, et c'est précisément là que nous allons trouver le véritable motif de notre exception. Et en effet, en matière criminelle, la défense est d'ordre public. Il importe à la société toute entière, comme à l'accusé lui-même qu'une condamnation ne soit pas prononcée sans qu'il ait été défendu. Il était donc impossible en de telles matières, de permettre à la justice ou au mari de refuser à la femme l'autorisation de se défendre. Mais au civil au contraire, il peut arriver et il arrivera souvent qu'une condamnation par défaut sera avantageuse pour les intérêts de la femme. Et en effet, l'obstination de la femme à défendre à un droit certain, à soutenir un procès qu'infailliblement elle doit perdre, ne ferait qu'augmenter les frais, et il est parfaitement juste et équitable alors, de permettre en pareil cas au mari ou à la justice de lui refuser l'autorisation de plaider.

Et maintenant que nous connaissons les motifs sur lesquels elle est fondée, examinons cette exception dans tous ses détails. Lorsqu'une personne commet un crime, un délit ou une contravention, deux actions prennent immédiatement naissance. La première a pour but la répression de l'auteur du délit : c'est l'action publique; la seconde qui naît au profit du patient du délit, a pour objet la réparation du dommage que lui a causé l'action délictueuse commise sur sa personne ou sur ses biens.

Aucune difficulté ne peut s'élever relativement à l'action publique. C'est précisément, comme nous venons de le voir, en vue de cette action même, que l'exception a été formulée. La femme pourra donc y défendre sans autorisation.

Mais que décider relativement à l'action civile en réparation du dommage causé par le crime ou le délit ; la femme pourra-t-elle y défendre sans autorisation, devra-t-elle, au contraire, être autorisée ? A cet égard trois hypothèses peuvent se présenter.

1° La partie civile agit en même temps et devant les mêmes juges que la partie publique. Art. 3. cod. ins. crim.

2° Elle agit seule et directement comme elle peut le faire en matière correctionnelle ou de police. (Art. 145 et 182 ins. cri.)

3° Elle agit devant les tribunaux civils.

Pas de difficulté touchant la première hypothèse : par cela même que la loi permet à la femme de défendre sans autorisation à l'action publique, par cela même elle lui permet aussi de défendre à l'action civile sans y être autorisée.

Aucune difficulté non plus ne saurait s'élever lorsque l'action en dommages et intérêts est portée devant les tribunaux civils. Dans ce cas en effet, la femme doit être autorisée pour pouvoir y défendre. L'art. 216 ne fait en effet d'exception que lorsque la femme est poursuivie en matière criminelle correctionnelle ou de police ; or, il s'agit ici d'une action purement civile ; le tribunal civil n'a point qualité pour juger la criminalité du fait, mais seulement pour apprécier les dommages et intérêts. Nous ne sommes donc plus dans les termes de l'exception, l'art. 216 doit donc être écarté et il faut revenir à l'art. 215 et à la règle générale de l'incapacité sans autorisation. Mais il est du reste inutile d'insister sur un point, au sujet duquel tout le monde est d'accord.

Examinons donc maintenant l'hypothèse, qui seule peut présenter quelques difficultés, c'est-à-dire le cas où la partie lésée, agit seule et directement devant le tribunal de police correctionnelle ou de simple police, le ministère public s'abstenant pour le moment, d'exercer l'action publique. Dans ce cas, la femme pourra-t-elle se défendre sans avoir besoin d'autorisation, devra-t-elle être au contraire autorisée? C'est là un point des plus controversés.

Dans un premier système on soutient que cette hypothèse doit être assimilée à la précédente, et par conséquent, que la femme doit être autorisée. Et en effet dit-on, il s'agit ici d'une action purement civile et qui n'en conserve pas moins son caractère quoiqu'elle soit portée devant une juridiction, qui a qualité pour réprimer les délits. D'ailleurs, ajoute-t-on, si l'on permet exceptionnellement à la femme de défendre sans autorisation à l'action civile, lorsque cette action est portée en même temps, et devant les mêmes juges que l'action publique, c'est que cette exception au principe général de la nécessité de l'autorisation est commandée par la nécessité de sauvegarder les intérêts de la défense; Or en matière civile, on le reconnait, les intérêts de la défense n'existent plus, l'exception ne saurait donc plus se justifier ici et l'on doit revenir à la règle, c'est-à-dire à la nécessité d'une autorisation.

Cette première opinion ne nous paraît pas admissible et nous rejetons l'assimilation qu'elle veut faire, du cas qui nous occupe, à l'hypothèse précédente, remarquons du reste, que le dernier argument qu'elle invoque se retourne précisément contre elle. Et en effet, par cela même qu'elle est poursuivie devant un tribunal de justice répressive, la femme se trouve bien poursuivie en matière criminelle, il est vrai que le mistère public, conservateur de l'action publique n'agit pas encore, mais son attention est éveillée, et le tribunal est compétent pour apprécier l'acte de la femme sous le rapport de la criminalité si le ministère public qui est là présent, le recquiert. Or l'intérét de la défense ne se trouve-t-il pas tout entier ici, et ne sommes nous pas en plein dans les motifs même qui servent de base à la disposition de l'art. 216? Evidemment! d'où nous devons conclure que la femme n'a pas besoin d'être autorisée. Valette. Exp. Sommaire, du livre 1ᵉ du Cod. Nap. p. 123, *in fine*.

La femme n'a pas besoin d'être autorisée pour faire son testament, art. 226. C'était du reste le droit commun dans notre ancienne jurisprudence et si le Code a cru devoir insister sur ce point dans l'art. 905 al. 2. c'est qu'il a pensé, qu'il était nécessaire d'abolir d'une manière expresse, les dispositions de plusieurs coutumes locales et d'un certain nombre de coutumes générales : (Normandie, Bourgogne, Bretagne, Artois, Nivernais, Bourbonnais), qui dans l'ancien droit, étendaient à tord au testament le principe de l'incapacité de la femme mariée. Qui ne voit en effet, que le testament doit être essentiellement l'œuvre de la volonté du testateur, que cette volonté doit être libre et qu'aucune volonté étrangère ne doit venir s'y mêler. Et d'ailleurs, le testament n'est-il pas une œuvre essentiellement révocable, qui n'engage en rien la femme, et ne serait-il pas illogique et contradictoire, d'éxiger l'autorisation, pour un acte qui ne doit produire d'effets, qu'à une époque où le mariage est dissous et où par conséquent il ne peut plus être question d'autorisation maritale.

Puisqu'elle n'a pas besoin d'être autorisée pour faire son testament, nous devons en conclure que la femme, peut de même sans autorisation et dans les mêmes formes que tout autre personne, révoquer un testament qu'elle aurait déjà fait, car une pareille révocation n'est en définitive que l'expression contraire de ses dernières volontés, c'est-à-dire la confection d'un testament nouveau.

Les donations entre vifs faites entre époux pendant le mariage sont essentiellement révocable. Mais on comprend qu'une pareille disposition, sauvegarde de la liberté des époux, eut été complètement illusoire, si la femme n'avait pu révoquer la

donation qu'elle aurait ainsi faite à son mari, sans
lui demander son autorisation. Aussi la loi a-telle
cru devoir s'expliquer formellement sur ce point,
en déclarant dans l'art. 1096: al. 2, que la femme
pourrait révoquer sans autorisation la donation,
qu'elle aurait faite à son mari. Principe d'ailleurs,
que l'interprétation aurait pu suppléer en l'absence
d'une disposition législative expresse.

La femme peut également, sans avoir besoin
d'être autorisée accepter un mandat soit *ad litem*
soit *ad negotia* art. 1990. Mais remarquons bien
que ce mandat n'est valable sans autorisation, qu'en
ce sens, que la femme peut valablement représenter
vis-à-vis des tiers la personne qui lui a donné mandat,
soit, comme nous venons de le dire, dans un procès
ou dans tout autre opération juridique. En un mot
toutes les fois que la femme ne fait que représenter
le mandataire sans agir en son nom personnel, l'autorisation maritale n'est pas nécessaire. Mais la nécessité de l'autorisation apparait, toutes les fois que
la femme se trouve obligée en vertu du mandat
qu'elle a ainsi accepté. Donc si elle est recherchée
plus tard pour inexécution des obligations qu'impose en général tout mandat, où en reddition de
compte, elle pourra opposer au mandant où à ses
ayant cause, de la nullité résultant de ce qu'elle a
ainsi accepté un mandat sans y être autorisée, et
par contre qu'elle s'est obligée sans autorisation.
Nous rentrons donc ici dans le principe général de

la nécessité de l'autorisation maritale, ce que nous fait observer d'ailleurs dans sa dernièr partie ce même art. 1990. Du reste remarquons avec MM. Aubry et Rhau. 2. III. § 4. II. not. 8 et 9, que si la femme n'est pas en principe obligée, par suite d'un mandat qu'elle a accepté sans autorisation, elle n'en sera pas moins tenue dans tous les cas de l'action de *in rem verso*, où de l'action résultant de son délit, si elle s'est enrichie, où si elle a commis des soustractions frauduleuses, dans l'exercice de ce mandat.

Nous venons de parcourir un certain nombre de cas, dans lesquels la femme peut agir seule et sans autorisation, en vertu d'une disposition formelle de la loi. Mais la loi ne s'est pas toujours expliquée et nous devons rechercher maintenant, quels sont les actes qu'en l'absence de toute disposition expresse, l'interprétation doit nous conduire à assimiler aux cas précédent; et par conséquent dans lesquels la femme n'aura pas besoin d'être autorisée pour agir.

La femme n'a pas besoin d'être autorisée pour reconnaître l'enfant naturel quel aurait eu avant son mariage, soit de son époux lui-même, soit de tout autre que son époux. Arg. de l'art. 337. Cet art. en effet, ne fait aucune distinction entre la reconnaissance qui émane du père et celle qui émane de la mère; et d'ailleurs n'est-il pas évident que la reconnaissance d'un enfant naturel comme le testament lui-même doit être le résultat d'une volonté libre et indépendante. D'ailleurs, il est impossible de faire rentrer la reconnaissance d'un enfant naturel dans les termes de la prohibition des art. 215 et suivants.

Nous avons vu précédemment que la femme ne pouvait point aliéner ni acquérir à titre gratuit sans autorisation. Il n'en est pas de même, lorsqu'elle acquiert, soit par accession, soit par prescription.

De même elle peut être dépouillée de sa chose, sans autorisation par ces deux même causes; sans doute il est vrai, dans certains cas la prescription se trouve suspendue en faveur des femmes, articles 2254, 2256 ; mais il faut reconnaître qu'en principe elle court contre elles. Or, c'est précisément dans ce dernier cas, que s'appliquera l'exception au principe de la nécessité de l'autorisation maritale que nous venons de formuler.

Nous avons vu plus haut, que lorsque la femme accepte un mandat sans autorisation, quoique n'étant pas tenue en principe des obligations qui prennent naissance directement contre elle au profit du mandant, elle n'en est pas moins tenue des détournements frauduleux qu'elle a pu commettre dans l'exercice de ce mandat. Cette solution n'est que l'application de ce principe général, que la femme est toujours obligée par ses délits et ses quasi délits sans qu'il y ait à parler d'autorisation maritale. En un mot, la femme comme toute autre personne est responsable du dommage qu'elle peut causer par sa faute, 1382 et 1383.

La femme n'a pas besoin d'être autorisée pour accepter une tutelle, et par conséquent pour répondre des obligations qui pourraient naître contre elle par suite de sa mauvaise administration, dans les cas où cette charge publique peut lui échoir, 390. 395, 396, 442, n° 3. Et en effet l'obligation de gérer une tutelle dérive de la loi elle-même. Or il nous paraît évident que toutes les fois que la loi impose directement une obligation à la femme elle-même, elle la rend par cela même capable de faire sans autorisation ce qu'elle lui impose.

Mais que décider lorsqu'il s'agit pour la femme dans le cas prévu par l'art. 935 d'accepter des donations qui seraient faites à des enfants ou petits enfants ? Dans ce cas la femme n'a pas besoin d'être autorisée, et nous pensons qu'il faut comme dans le cas précédent la déclarer suffisamment habilitée par la loi elle-même. Cette opinion est du reste généralement adoptée. On a cependant soutenu le contraire, (Grenier. Donations 2. I° n° 64.) en invoquant ce principe : qu'on ne peut stipuler pour autrui que ce qu'on peut stipuler pour soi-même. Or a-t-on dit, puisque la femme ne pourrait pas sans autorisation accepter des donations qui lui seraient faites, elle ne pourra pas non plus sans y être autorisée accepter les donations qui seraient faites à ses enfants ou petits enfants.

Et d'abord le principe sur lequel repose cette opinion, est en lui-même fort contestable et nulle part on ne le trouve formulé. Mais alors même qu'il existerait en tant que règle formelle et absolue, s'en suivrait-il nécessairement, que dans l'hypothèsequi nous occupe, la femme ne put pas accepter la donation sans y être autorisée? nous ne le pensons pas, et nous croyons au contraire, qu'il faudrait reconnaître que, nous nous trouvons ici en face d'une exception au principe même invoqué par l'opinion que nous combattons, et que la femme trouve sa capacité d'agir sans autorisation dans le droit même qui lui est conféré par l'art. 935.

Remarquons d'ailleurs que le droit conféré par l'art. 935 à la femme d'accepter les donations qui sont faites à ses enfants ou petits enfants, n'est en définitive qu'un mandat donné par la loi à la mère ou à l'aïeule. Nous devons donc admettre qu'elle peut l'exercer sans autorisation, puis que nous avons reconnu, que la femme n'avait pas en principe besoin d'être autorisée pour exercer valablement un mandat, et que la nécessité de l'autorisation maritale n'apparaissait qu'à l'occasion des obligations qu'elle pourrait contracter dans l'exercice du mandat. Or, en acceptant une donation dans l'hypothèse de l'art. 935, la femme ne s'oblige pas, elle pourra donc le faire sans autorisation.

Examinons maintenant, la question de savoir si la femme peut être obligée sans autorisation par suite d'un quasi contrat. Et d'abord que décider dans le cas où un tiers aurait géré les affaires de la femme.

Dans ce cas la femme n'a pas besoin d'être autorisée et le tiers pourra exercer contre elle l'action *negotiorum gestorum* comme il pourrait le faire contre toute autre personne dont il aurait géré l'affaire. Il ne sera donc pas réduit, comme semblent le soutenir certains auteurs (M. Duranton, t. II, 497), à exercer contre la femme l'action de *in rem verso* fondée sur ce principe, que nul ne peut s'enrichir aux dépens d'autrui. En un mot, il n'y a pas à distinguer si la femme profite ou non en dernière analyse de la gestion faite par le tiers, il suffit qu'elle ait été utile dans le principe pour que la femme soit obligée.

Du reste, l'action de *in rem verso*, nous l'avons déjà indiqué, peut toujours être intentée contre une femme mariée, toutes les fois qu'elle a tiré un profit quelconque d'une opération pour laquelle elle oppose cependant la nullité, comme étant faite sans autorisation, car la femme mariée ne peut pas plus s'enrichir aux dépens d'autrui que toute autre personne.

Nous venons de voir dans quelle limite la femme peut être obligée par suite d'un quasi contrat provenant du fait d'un tiers. Examinons maintenant ce qu'il faut décider, lorsque la femme se trouve obligée par suite d'un quasi contrat résultant de son propre fait. Dans ce cas peut-elle se trouver valablement obligée sans autorisation? En principe il faut décider que la nécessité de l'autorisation maritale reprend ici son empire et que la femme ne sera pas obligée si elle n'a pas été autorisée.

Car, comme le dit M. Demolombe, t. IV, n° 181, l'esprit même de la loi relativement à la nécessité de l'autorisation maritale paraît bien être que la femme ne puisse pas par son fait personnel, par sa propre volonté, aliéner ou s'obliger sans autorisation; sa volonté doit être dépendante.

Du reste, il ne peut s'élever aucune difficulté pour le cas où il s'agirait pour la femme d'accepter une succession ou la charge d'exécutrice testamentaire. Les art. 776 et 1029 déclarent en effet que la femme ne peut le faire sans autorisation.

Mais que décider lorsque la femme mariée non autorisée a entrepris une gestion d'affaires? *Quid juris* lorsqu'elle a reçu un paiement indu? Ces deux questions sont des plus controversées.

Examinons d'abord la gestion d'affaires. Une femme non autorisée à gérer, soit l'affaire d'autrui, soit des affaires qui sont communes entre elle et un tiers, est-elle obligée envers le maître? L'affirmative est soutenue et l'on peut dire à l'appui de cette opinion que le maître dont l'affaire a été gérée, n'est point du tout dans la même position que celui qui a donné à la femme un mandat dont elle s'est mal acquittée. Car il n'a rien à se reprocher; ce n'est pas lui qui a choisi la femme, puis que c'est à son insu qu'elle a géré l'affaire. Le fait de gérer est sans doute volontaire; mais ce fait, une fois accompli,

l'obligation ne dépend plus de la volonté de la
femme, elle découle de la loi elle-même.

Mais cette opinion ne nous paraît pas admissible;
le but essentiel du principe de l'autorisation maritale nous paraissant être, comme nous l'avons déjà
dit, de faire dépendante la volonté de la femme, à
moins bien entendu qu'elle ne s'enrichisse ou ne
commette un délit, la femme ne doit pas être obligée par suite d'un acte volontaire et intentionnel
de sa part, lors même que cet acte ne constituerait
pas un contrat. Elle ne pourrait donc être poursuivie, dans notre opinion, à raison de la gestion
d'affaires qu'elle aurait entreprise, qu'autant que
les fautes de la gestion pourraient être considérées
comme constituant un quasi délit, où dans la mesure de ce dont elle serait devenue plus riche.

Remarquons du reste avec M. Demolombe, qu'il
n'y a point lieu de s'inquiéter si fort, dans l'intérêt
du maître, des suites de cette doctrine; car en fait
il est à peu près certain, que la femme ne trouvera
pas de tiers qui veuillent contracter avec elle pour
une gestion d'affaire qu'elle entreprendrait; et si
les tiers s'en mêlaient ils deviendraient eux-mêmes
responsables (art. 1382). Et cependant reconnaissons que malgré ces observations que nous croyons
fort justes en elles mêmes, il pourra se présenter
certain cas où l'intérêt du maître souffrira de ce que
la femme n'est pas obligée par le quasi contrat de
gestion d'affaire; car les tiers responsables peuvent

être insolvables, et les fautes commises par la femme dans sa gestion, n'être proprement que des fautes contractuelles et non de véritables quasi délits. Mais la réunion de toutes ces circonstances sera certainement excessivement rare, aussi ne nous paraît elle point de nature à faire admettre une exception au principe général, que la femme non autorisée ne saurait être valablement obligée par suite d'un acte qui en définitive est purement volontaire et inventionnel de sa part.

Reste maintenant à examiner le payement de l'indu. La femme a reçu ce qu'on ne lui devait pas. Est elle dans ce cas obligée de restituer toute la somme qui lui a été comptée, ou ne doit elle être tenue de la rendre que jusqu'à concurrence, de ce que le demandeur prouverait avoir tourné à son profit? Remarquons d'abord, que pour que la question puisse se présenter, il faut évidemment supposer que la femme avait la capacité pour recevoir ce payement; car si elle en était incapable, il est hors de doute qu'elle ne serait tenue que de *in rem verso*, puisque si la dette avait existé, elle pourrait demander un second payement, sous la déduction seulement, de ce dont le premier l'aurait enrichie. Or le plus souvent, la femme non autorisée n'a pas la capacité pour recevoir un payement; c'est un acte qui renferme à la fois une acquisition et une aliénation. Elle n'a cette capacité que lorsque l'administration de ses biens lui appartient, où lorsqu'une clause particulière du contrat de mariage la lui a expressément réservée. Mais alors même qu'un payement pourrait être valablement fait entre ses mains, nous n'admettons pas qu'elle puisse être obligée par le payement de l'indu au-delà du profit qu'elle en a retiré. Sans doute dans ce cas, elle est bien capable de recevoir le payement, et par la même d'en supporter les suites directes et immédiates, mais non pas toutes les conséquences possibles et accidentelles qui le changeraient en une espèce de pret.

CHAPITRE IV.

Capacité particulière de la femme séparée de biens.

La capacité de la femme mariée, est en général indépendante du régime de mariage adopté par les époux, ainsi que des stipulations particulières insérées au contrat de mariage. Nous avons déjà signalé ce principe, mais il est bon de le rappeler ici au commencement d'un chapitre, où nous voulons précisément éxaminer quelles sont les modifications que peut subir la capacité de la femme mariée. Malgré ces modifications, ce principe en effet, peut encore demeurer comme règle générale, car ce n'est que relativement aux actes d'administration, que cette capacité est susceptible de plus ou de moins, et l'on peut vraiment dire que pour les actes les plus importants, la capacité de la femme mariée est invariable. Dans tout ce paragraphe nous ne parlerons que de la femme séparée de biens, car sa condition est l'expression la plus large, de la variation dont la capacité de la femme mariée soit susceptible; mais du reste, tout ce que nous allons dire touchant la femme séparée de biens, doit également s'appliquer à la femme qui a conservé l'administration de tout ou partie de ses biens; ce qui se présente d'abord lorsque la femme est mariée sous le régime de séparation de biens, 1536, lorsqu'elle est séparée judiciairement d'avec son mari, 1449, lorsque mariée sous le régime dotal il y a des paraphernaux, enfin dans tout autre régime, communauté, sans communauté, relativement aux biens dont une clause du contrat de mariage lui réserve l'administration. Art. 1387 c. b. n. avec 1534 et 1549 alin. 3.

Nous repoussons donc la distinction que certains auteurs (Vazeille, du mariage. T. II, n°s 315 et 316) ont voulu établir entre la séparation de biens contractuelles et la séparation de biens judiciaires, pour prétendre que celle-ci conférait à la femme une capacité plus étendue que la première ; toute distinction sur ce point nous paraît devoir être rejetée.

Et maintenant, examinons quelle est l'étendue de la capacité de la femme alors qu'elle est mariée sous le régime de séparation de biens.

Sous ce régime la femme à la libre administration de ses biens ; rien de plus, rien de moins. Elle peut donc faire seule et sans autorisation tout acte rentrant dans la sphère des actes d'administration. Mais aussitôt qu'elle fait un acte dépassant la limite d'une administration largement entendue, elle dépasse par là même les bornes de sa capacité de femme séparée de biens, et l'acte n'est valable que si elle a été autorisée.

Ces principes nous paraissent incontestables, et il était indispensable pour nous de les indiquer dès à

présent, car ils vont nous servir de guide pour reconnaître quels sont les actes que la femme séparée
de biens peut faire seule et sans autorisation.

La femme séparée de biens peut valablement en
vertu de son libre pouvoir d'administration : toucher
ses revenus, recevoir ses capitaux et en donner valablement quittance, elle pourra même consentir la
main levée d'une inscription hypothéquaire. Turin,
19 janvier 1810.

Elle pourra de même payer ses dettes alors même
que l'objet en serait immobilier, placer ses capitaux
et ses revenus de toute manière qu'elle jugera utile
à ses intérêts, elle pourra donc acquérir soit des meubles, soit des immeubles, comme placement de fonds
actuellement disponibles.

Quant aux meubles, pas de difficulté, tout le
monde est d'accord et on admet également qu'il n'y
a pas à distinguer entre les meubles corporels et les
meubles incorporels, tels que rente sur l'Etat, actions
de la Banque de France, actions d'une société d'industrie ou autres.

Mais quant aux meubles les opinions sont très
divisées.

Dans une première opinion en effet, on soutient
que la femme ne peut pas acquérir d'immeubles
sans autorisation, car, dit-on, l'art. 217 porte que la
femme même séparée de biens est incapable d'aliéner et d'acquérir sans autorisation, et l'art. 1449 ne
déroge à cette incapacité absolue à l'occasion de la

femme séparée de biens, que relativement au droit
d'aliéner seulement, et non à l'incapacité d'acquérir.

Cet aveu nous suffit, et par là nous surprenons
cette première opinion en contradiction avec elle-
même. Comment, vous admettez avec tout le monde,
que la femme séparée de biens peut valablement
acquérir des meubles sans y être autorisée, et cependant vous reconnaissez que l'art. 1449 ne déroge
à l'incapacité absolue d'aliéner et d'acquérir posé
dans l'art. 217 qu'en ce qui touche les aliénations.
De votre aveu même l'art. 1449 ne parle pas des
acquisitions, vous ne pouvez pas distinguer là où la
loi ne distingue pas elle-même, et par conséquent
vous ne pouvez pas reconnaître comme valablement
faite une acquisition de meubles alors que vous ne
permettez pas à la femme séparée de biens d'acquérir sans autorisation des immeubles.

Cette première opinion doit donc être rejetée, car
le bon sens se refuse à admettre la distinction qu'elle
propose et les arguments de texte qu'elle invoque
pour la soutenir ne sont nullement concluants.

Et, en effet, il est bien vrai que l'art. 217 pose en
principe que la femme séparée de biens ne peut acquérir ni meubles ni immeubles sans y être autorisée. Mais remarquons qu'à côté de cette incapacité
absolue l'art. 1449 donne à la femme séparée de
biens un large pouvoir d'administration. Or, ces
deux principes, au lieu de se combattre et de se détruire l'un l'autre, ne doivent-ils pas au contraire

marcher de front et se concilier ensemble? Et par conséquent ne devons-nous pas reconnaître qu'en principe oui, la femme même séparée ne peut pas acquérir sans y être autorisée, mais qu'elle pourra cependant acquérir sans autorisation soit des meubles, soit des immeubles, toutes les fois que cette acquisition ne fait que rentrer dans la sphère des actes d'une large administration.

Ainsi, nous sommes amenés à reconnaître que la femme peut valablement acquérir sans autorisation même un immeuble, toutes les fois que l'acquisition qu'elle fait ainsi n'est en définitive qu'un placement de capitaux qui sont actuellement disponibles ou des économies faites sur ses revenus, car il n'y a là de sa part qu'un acte d'administration. Mais si au contraire la femme achète pour acheter, c'est-à-dire si elle est forcée de s'obliger n'ayant pas de fonds disponibles, l'acquisition doit être déclarée nulle, car elle ne constitue pas alors un acte d'administration, et elle a été faite sans autorisation.

La femme séparée de biens ayant plein pouvoir d'administration, n'a pas besoin d'être autorisée pour aliéner son mobilier qu'il soit corporel, ou incorporel, l'art. 1449 ne distingue pas. Elle peut donc vendre ses meubles proprement dits et de même céder ou transporter ses créances pourvu, bien entendu, que ce soit pour cause d'administration. Art. 217, c. b. n. avec 1449.

Remarquons, du reste, que les aliénations de mobilier que la femme pourra faire sans autorisation et qui ne constituent pas de sa part un acte d'administion, devront être cependant maintenues à raison même de la bonne foi des tiers. Et, en effet, les personnes qui contractent avec la femme seront le plus souvent dans l'impossibilité de vérifier les causes de l'aliénation, et par conséquent de reconnaître si la femme ne dépasse pas les limites du droit d'administration qui lui est confié, droit d'administration auquel on mettrait évidemment obstacle si l'on devait toujours annuler l'aliénation malgré la bonne foi des tiers ; car personne ne voudrait contracter avec une femme mariée alors même qu'elle est séparée de biens.

Les tribunaux auront donc à apprécier d'une part la bonne foi des tiers, d'autre part le caractère même de l'aliénation de mobilier faite par la femme sans autorisation. Ils devront donc prononcer la nullité de toute aliénation de mobilier qui, faite sans autorisation par la femme séparée de biens, serait de telle nature que les tiers n'eussent raisonnablement pas pu se faire illusion et la considérer comme un acte d'administration.

La femme séparée de biens n'a pas besoin d'être autorisée pour transiger sur toutes les difficultés qui touchent à l'administration de ses biens, pourvu que la transaction qu'elle fait ainsi ne dépasse pas son droit d'aliénation du mobilier. Et, en effet, l'art. 2045 exige pour transiger la capacité de disposer des objets compris dans la transaction ; or, la femme séparée de biens par cela même que l'art. 1449, lui accorde le droit d'administrer ses biens a, par là même, nous l'avons reconnu, le droit de disposer de son mobilier, elle a donc par là même la capacité requise par l'art. 2045.

Elle pourra de même acquiescer aux demandes qui sont relatives à son mobilier et à celles qui touchent à l'administration de ses immeubles.

Quant aux baux à ferme ou à loyer faits par la femme sans autorisation, on décide en général qu'il faut les considérer comme ne dépassant pas son droit d'administration toutes les fois qu'ils ont été faits aux conditions ordinaires de ces contrats, c'est-à-dire pour un temps qui ne dépasse pas neuf années. Arg. des art. 595, 1429 et 1430. Du reste, comme les tribunaux sont en définitive les souverains appréciateurs de la question de savoir si un acte dépasse ou ne dépasse pas la limite des actes d'administration, ils pourront déclarer valable un bail à loyer ou à ferme qui cependant dépasserait neuf années, lorsque ce bail a été fait utilement et de bonne foi.

La femme séparée de biens peut également emprunter et s'obliger pour cause d'administration sans avoir besoin d'être autorisée, par exemple pour faire à ses immeubles des réparations d'entretien.

Mais ici s'élève une question des plus intéressantes et des plus controversées. L'obligation que la femme a ainsi contractée, sans autorisation et que nous reconnaissons valable parce qu'elle a pour but l'administration de ses biens, pourra-t-elle être exécutée, non-seulement sur le mobilier de la femme et sur les revenus de ses immeubles, ce qui ne saurait être douteux, mais encore sur ses immeubles ?

La négative est soutenue : L'art. 1449 dit-on, ne permet à la femme séparée de biens d'aliéner ses immeubles qu'avec l'autorisation de son mari. Elle ne peut donc pas conférer à ses créanciers, un droit qu'elle n'a pas elle-même et elle aliénerait indirectement ses immeubles, si elle pouvait valablement contracter une obligation qu'on pourrait exécuter sur eux. Et qu'on ne vienne pas dire qu'elle trouve dans le droit d'administrer qui lui est confié, le pouvoir d'aliéner ses immeubles, puis que c'est précisément l'art. 1449 qui, tout en lui conférant ce pouvoir d'administration, lui défend cependant de les aliéner seule et sans autorisation. Il est vrai qu'aux termes de l'art. 2092, quiconque s'est obligé personnellement, est tenu de remplir son engagement sur tous ses biens présents et à venir, mobiliers et immobiliers; mais invoquer cette règle ici serait une véritable pétition de principe, car cet art. 2092 suppose précisément une obligation contractée par une personne qui est également capable d'aliéner ses immeubles aussi bien que ses meubles; or, il s'agit précisément de savoir si la femme, dans le cas où nous la reconnaissons capable d'engager ses immeubles, peut également et valablement engager ses immeubles. L'art. 2092 doit donc être écarté, et il faut reconnaître qu'on se trouve précisément ici dans l'un des cas d'exception au principe même posé par cet article et dans une situation analogue à celle qui se présente sous le régime dotal lorsque la femme s'oblige avec l'autorisation de son mari. Dans ce cas en effet, quoique l'obligation soit valablement contractée, on ne peut pas l'exécuter sur les biens dotaux en dépit même de la disposition de l'art. 2092.

Et d'ailleurs, les inconvénients de cette doctrine sont-ils véritablement pratiques? Arrivera-t-il souvent que les besoins de l'administration seront assez considérables, pour qu'il soit nécessaire d'engager pour y faire face la propriété même des immeubles; et lorsque des cas aussi graves viendront à se présenter, n'est-il pas juste, n'est-il pas raisonnable que le mari ou la justice soit appelé à donner son autorisation. V. en ce sens Zachariæ, 2e éd., t. III, p. 484. Massol. De la séparation de corps. Ch. IV, nº 21. Marcadé, sur l'art. 1449, nº 3.

Ces considérations, il faut bien le reconnaître, sont des plus graves, et en pratique il sera toujours prudent de conseiller l'autorisation; et cependant cette première opinion nous semble devoir être rejetée, et il ne nous paraît pas possible de soutenir que l'obligation que la femme séparée de biens a

contractée dans la limite de son droit d'administration ne puisse pas avoir autant d'efficacité que si elle
avait été contractée avec l'autorisation de son mari.

Et, en effet, qui veut la fin veut les moyens : « La
loi qui accorde à la femme la libre administration
de ses biens (art. 1449), n'a pas du la lui rendre impossible ; or, d'une part, il en serait ainsi très-sou-
vent si la femme ne pouvait pas contracter des
obligations personnelles dans cette limite et pour
cette cause ; et d'autre part, elle ne pourrait vraiment pas contracter des obligations personnelles si
ces obligations n'étaient pas en effet aussi valables
et aussi légitimes que toutes les autres obligations ;
donc, il résulte de la première partie de l'art. 1449
et de l'art. 2092, que l'obligation contractée en pareil cas par la femme, doit être exécutoire sur tous
ses biens mobiliers et immobiliers, c'est ainsi que
s'exprime M. Demolombe; et que nous paraît devoir
être refutée l'argumentation de la première opinion,
qui n'en n'est pas moins, nous le reconnaissons
encore, des plus importantes et des plus graves. V.
encore en ce sens : Valette sur Proudhon, t. 1,
p. 465. Rodière et Pont, du contrat de mariage,
t. II, n° 803.

Et, maintenant que nous connaissons quelle est
l'étendue de la capacité de la femme séparée de
biens, examinons quels sont les actes qu'elle ne peut
jamais faire sans autorisation. On peut dire d'une
manière générale qu'elle ne peut faire aucun acte

dépassant les limites de l'administration, quelle que libre d'ailleurs qu'on la suppose. Elle ne pourra donc pas :

Ester en jugement (art. 215 et 216.) Nous avons vu en effet qu'il s'agissait ici d'une incapacité générale et absolue, et par là même, indépendante du régime de mariage adopté par les époux.

Mais que décider relativement au compromis, que la femme pourrait faire sur les difficultés qui se rapporteraient à l'administration de ses biens et à son mobilier. Il semble bien au premier abord que la question doive être résolue dans le sens de l'affirmative, par cela même que la femme a la libre administration de ses biens et le droit de disposer de son mobilier. Car toute personne peut compromettre (art. 1003 du Code de procédure) sur les droits dont elle a la libre administration ; mais on répond : qu'aux termes de l'art. 1004 du Code de procédure, on ne peut compromettre sur aucune des contestations qui seraient sujettes à communication au ministère public ; or, aux termes de l'art. 83 du même code, les causes des femmes non autorisées de leurs maris étant sujettes à communication, ne peuvent pas être par conséquent susceptibles de compromis. D'ailleurs le compromis n'est-il pas une sorte de procès, et n'avons-nous pas vu que la femme même séparée ne pouvait jamais plaider sans autorisation. En ce sens : Rolland de Villargues, répertoire du notariat. V. compromis, n° 27. Demolombe, IV, 160.

La femme séparée de biens ne peut pas non plus acquérir à titre gratuit sans autorisation, art. 217. 934. car il s'agit encore ici d'une incapacité absolue et indépendante de tout régime de mariage; ni acquérir à titre onéreux, à moins bien entendu que cette acquisition ne rentre comme nous l'avons déjà vu dans la sphère des actes d'administration, c'est-à-dire qu'elle n'ait été faite par la femme que comme placement de capitaux disponibles ou de revenus de ses immeubles (art. 217 et 1449. C. l. n.) Elle ne pourra pas non plus hypothéquer ses immeubles art. 217. et 1538.

Enfin elle ne pourra aliéner sans autorisation son mobilier, où s'obliger même sur ce mobilier, que pour cause d'administration. Mais c'est là un point des plus controversés et qu'il nous faut examiner dans tous ses détails.

Des auteurs et un certain nombre d'arrêts ont en effet soutenu, que la capacité de la femme séparée de biens était absolue relativement à son mobilier, et qu'elle pouvait l'aliéner d'une manière indéfinie et contracter pour quelque cause que ce soit des obligations qui deviendraient exécutoires sur lui. Et en effet, dit-on, l'incapacité pour la femme de s'obliger sans autorisation, n'est qu'une conséquence de son incapacité d'aliéner, puisque l'art. 217 ne lui défend pas expressément de s'obliger sans autorisation mais seulement d'aliéner. Or toutes les fois que la femme devient capable d'aliéner, par cela même son incapacité de s'obliger doit disparaître, car l'effet ne peut pas survivre à la cause. Donc puisque la femme séparée de biens peut aux termes mêmes de l'art. 1449 et sans restriction aliéner son mobilier, par cela même son incapacité de s'obliger doit disparaître dans la limite même du droit d'aliéner qui lui est rendu; c'est-à-dire qu'elle peut s'obliger sur son mobilier pour quelque cause que ce soit et non pas seulement pour cause d'administration. Les rédacteurs du Code civil ont d'ailleurs agi sur ce point en parfaite connaissance de cause, car l'art. 223 de la coutume de Paris, ne s'expliquait pas sur la question dont il s'agit, et elle était fort controversée dans l'ancien droit. Aussi le tribunat arrêt-a-t-il leur attention sur ce point et leur demanda-t-il d'introduire dans l'art. 217 le mot (s'obliger), et par conséquent, de déclarer expressément la femme incapable de s'obliger ; car disait-il, il pourra s'élever des doutes sur cette dernière prohibition. (Locré. lég. civile. 2. IV. p. 458). Et cependant le Conseil d'Etat ne s'est point arrêté à l'observation du tribunat, rien n'a été changé dans la rédaction de l'art. 217. Il faut donc en conclure que la défense de s'obliger n'est bien réellement pour la femme que la conséquence de son incapacité d'aliéner, et que par conséquent lorsqu'elle est séparée de biens, il ne faut apporter aucune limite à son droit d'aliéner directement son mobilier et de contracter pour quelque cause que ce soit des obligations person-

nelles jusqu'à concurrence de ce mobilier. Req.
rej. 1813. caj. 18 mai 1819. Colmar 8 août 1820.
Paris 3 mars 1832. Lyon 18 juin 1847.

Cette argumentation parait au premier abord
bien solide, et cependant il est facile de la combattre, car les arguments qu'invoque cette première
opinion pêchent évidemment par la base. Et en
effet, il n'est pas exacte de dire que l'incapacité de
s'obliger ne soit pour la femme qu'une conséquence
de son incapacité d'aliéner, car il est facile de reconnaitre, que l'art. 217 défend aussi bien à la
femme de s'obliger que d'aliéner sans autorisation.
C'est ce que M. Valette démontre de la façon la plus
péremptoire (Valette sur Proudhon, T. I. Page 474)
et en effet dit-il, on ne peut s'obliger que de deux
manières : gratuitement ou à titre onéreux, or la
femme mariée ne peut pas s'obliger gratuitement
puisque l'art. 217 ne lui permet pas de donner,
ainsi par exemple si elle accepte un mandat, elle
donne au mandant une créance contre elle-même ;
elle ne peut pas non plus s'obliger moyennant un
équivallent, puisque le même art. 217 lui interdit
d'acquérir à titre onéreux.

Cette argumentation aussi claire que décisive,
nous parait irréfutable. Mais admettons même que
l'incapacité de s'obliger pour la femme, ne fut pas
contenue dans l'art. 217 lui-même, est ce que cette
incapacité ne résulterait pas avec l'évidence même
des art. 220, 221, 222 et 224 qui ne sont en défini-

tive, que le développement de l'art. 217 lui-même,
et qui, rédigés en forme d'exception, parlent clairement de s'obliger et de contracter. Il est vrai que le
Conseil d'État ne s'est pas arrêté à l'observation du
tribunat, mais ceci se comprend parfaitement lorsqu'on remarque, qu'il était inutile de modifier une
rédaction qui, sainement entendue, suffisait à poser
le principe de l'incapacité pour la femme de s'obliger et dangereux d'y substituer une rédaction, dont
l'interprétation aurait pu tirer peut-être des conséquences qui certainement ne se trouvaient pas
dans l'esprit des rédacteurs du code.

Et maintenant que devient la première opinion,
elle s'écroule toute entière avec le principe même
qui lui servait de base. Car en effet, du moment ou
il nous parait démontré que l'incapacité pour la
femme mariée de s'obliger, n'est pas une conséquence de son incapacité d'aliéner, il en résulte
évidemment que son incapacité d'aliéner venant à
disparaitre dans une certaine mesure, ce n'est pas
une raison pour que son incapacité de s'obliger s'é-
vanouisse dans la même proportion. En un mot par
cela même que la femme séparée de biens aurait le
droit d'aliéner directement son mobilier sans autorisation, même pour une cause étrangère à son administration, on ne pourrait pas en conclure qu'elle
peut également s'obliger jusqu'à concurrence de ce
mobilier pour une cause étrangère à l'administration de ses biens. Or, l'art. 1449, alinéa 2ᵉ, porte

seulement que la femme séparée de biens peut aliéner son mobilier sans rien dire de la capacité de
s'obliger; cette capacité doit donc rester régie par
l'art. 217.

Mais ne faut-il pas aller plus loin encore et faut-il
nécessairement nous arrêter à cette proposition à
laquelle nous sommes maintenant arrivés : que la
femme séparée de biens, peut directement aliéner
son mobilier parce qu'elle trouve ce droit dans l'art.
1449, tandis qu'elle demeure incapable de l'aliéner
indirectement, c'est-à-dire en s'obligeant autrement bien entendu, que pour cause d'administration.

Oui dit-on, car autre chose est l'aliénation proprement dite, autre chose est l'obligation. L'aliénation entraine un dépouillement actuel et immédiat
que la femme ne consentira jamais qu'avec réflexion
et en connaissance de cause et qui d'ailleurs, ne
peut porter que sur le mobilier actuel ; tandis que
l'obligation est infiniment plus dangereuse, en ce
qu'elle est favorable aux illusions et peut engager
tout le mobilier présent et avenir de la femme.
D'ailleurs ajoute-t-on, ces considérations ne sont
point étrangères à la science du droit, car nous
n'avons qu'à rappeler le Sénatus-consulte Velléien
et les dispositions de la loi Julia : Vazeille du mariage, n° 318. Odier, du contrat de mariage, t. I,
n° 404. Rodière et Pont, du contrat de mariage,
t. II, n° 882. Paris, 7 août 1820. Nîmes, 4 juillet
1824. Montpellier, 10 juin 1830.

Cette doctrine, intermédiaire comme on le voit, ne nous paraît point acceptable et nous pensons qu'il n'y a aucune distinction à faire entre l'aliénation directe ou indirecte par suite d'une obligation contractée par la femme ; en un mot, nous pensons que la femme séparée de biens, ne peut pas plus aliéner son mobilier directement et sans autorisation lorsque cette aliénation ne constitue pas de sa part un acte d'administration, qu'elle ne peut s'obliger sans autorisation jusqu'à concurrence de ce mobilier, alors que son obligation n'a pas pour cause l'administration qui lui est confiée. C'est en effet ce qui nous paraît résulter de l'esprit même de l'art. 1449. La femme séparée de biens jouit de la libre administration de sa fortune ; telle est l'idée principale, la disposition essentielle de cet article. Or, qui ne voit qu'une administration, surtout une administration qualifiée libre, doit raisonnablement entraîner avec elle une certaine latitude d'aliéner et de s'obliger ? Ne faut-il pas, par exemple, vendre les récoltes, se défaire d'un mobilier qui dépérit, contracter des obligations pour l'exploitation, l'entretien et la réparation de ces biens ? Évidemment. Eh bien, les rédacteurs du Code Napoléon, craignant qu'on n'exagérat l'incapacité d'aliéner, écrite dans l'art. 217, ont ajouté dans l'art. 1449 un deuxième alinéa, corrollaire du premier, par lequel ils décident que l'aliénation directe du mobilier rentre dans la sphère d'une administration largement en-

tendue, et comme telle peut être faite sans aucune
autorisation. Ils ne considèrent cette aliénation que
comme une suite, un moyen, du droit d'administrer.
Cela est si vrai qu'ils permettent seulement à la
femme celle du mobilier. Ils terminent l'article
par un troisième alinéa, où ils avertissent de ne point
étendre cette faculté à l'aliénation des immeubles,
qui ne saurait en effet jamais constituer un acte
d'administration. Mais qu'ils aient voulu, dans cet
art. 1449, conférer à la femme séparée de biens la
faculté illimitée d'aliéner son mobilier et de s'obliger sur ce mobilier, alors même qu'elle devrait par
là véritablement consommer sa ruine, c'est véritablement ce qu'il est impossible d'admettre; car ce
ne serait tenir aucun compte, ni de la place que cet
art. 1449 tient dans la loi, ni de ce qui le précède,
ni de ce qui le suit.

Ainsi donc, toute aliénation même directe que la
femme séparée de biens voudrait faire de son mobilier, ne sera valable que si elle constitue véritablement un acte d'administration; dans le cas contraire,
la femme devra se faire autoriser.

Elle ne pourrait donc pas, sans être autorisée,
acheter un usufruit ou placer ses capitaux en rentes
viagères; car il est difficile de voir dans ces actes un
emploi ou placement de ses capitaux, en un mot, un
acte d'administration, ils sont au contraire une véritable et dangereuse aliénation. Du reste, il est bon
de rappeler ici (ce que nous avons plusieurs fois

signalé) que les tribunaux ont un pouvoir discré-
tionnaire pour apprécier si réellement un acte fait
par la femme constitue de sa part un acte d'administration, et doit être par conséquent déclaré valable quoique fait sans autorisation. Ajoutons que
c'est là une question de fait qui, par conséquent,
échappe à la censure de la Cour de cassation. Req.
rej. 21 août 1839.

CHAPITRE V

*De l'autorisation du mari : comment et à quel
moment elle peut-être donnée.*

Nous connaissons maintenant les actes que la
femme peut faire sans autorisation, et nous savons
au contraire dans quels cas elle a besoin d'être autorisée. En un mot nous connaissons parfaitement
quelles sont les limites apportées par le mariage à
la capacité de la femme.

Il nous reste maintenant à rechercher comment
elle peut être relevée de son incapacité ; car si elle
est incapable dans certains cas, ce n'est point qu'elle
soit incapable absolument de faire tel ou tel acte,
son incapacité consiste seulement en ce qu'elle ne
peut pas agir sans autorisation. Examinons donc
comment et par qui cette autorisation peut lui être
donnée.

Il faut dire en principe, que le mari seul peut autoriser sa femme, et que ce n'est qu'exceptionnellement que l'autorisation peut être donnée par la justice. Nous allons donc rechercher d'abord dans
quelle forme et à quel moment doit être donnée
l'autorisation du mari, et nous examinerons ensuite

l'hypothèse où la justice est appelée à donner à la femme son autorisation.

Des conditions requises pour la validité de l'autorisation maritale.

L'autorisation par laquelle le mari habilite sa femme dans le cas où elle ne peut pas agir sans être autorisée, doit être spéciale; c'est là une condition essentielle à sa validité. Dans l'ancien droit au contraire, la nécessité d'une autorisation spéciale n'était pas universellement reconnue; la plupart des coutumes en effet, tout en admettant en principe la spécialité de l'autorisation maritale, admettaient cependant l'autorisation générale lorsqu'elle était donnée dans le contrat de mariage lui-même. (Lebrun, communauté, livré 2e chap. 1e Sect. VI. Merlin répertoire vo autorisation maritale : Sect. VI. § 2. art. 2.

Cette distinction admise dans l'ancien droit par certaines coutumes, n'existe plus aujourd'hui sous l'empire du Code civil. La nécessité d'une autorisation spéciale se trouve en effet consacrée par l'art. 223 dans les termes suivants : l'autorisation générale même stipulée par contrat de mariage, n'est valable, que quant à l'administration des biens de la femme; principe qui se trouve ainsi reproduit dans l'art. 1338, 2e alinéa : toute autorisation générale d'aliéner les immeubles donnée à la femme soit par contrat de mariage, soit depuis, est nulle.

Donc plus de difficultés et de distinctions aujourd'hui ; la spécialité est une condition essentielle et *sine quâ non* de la validité de l'autorisation maritale.

Mais remarquons que la prescription des art. 223 et 1338, ne doit s'appliquer que s'il s'agit pour le mari d'autoriser sa femme à faire un acte qui est relatif à ses biens personnels. La spécialité n'est donc pas exigée et le mari peut donner à sa femme toute autorisation générale, touchant ses biens personnels à lui mari, où touchant les biens de la communauté. Relativement à ces biens, toute autorisation générale, soit d'aliéner, soit d'hypothéquer, soit même de s'obliger d'une manière quelconque qu'il donnerait à sa femme serait parfaitement valable. Et en effet, le mari n'est-il pas maître d'administrer comme il le veut ses biens propres et ceux de la communauté, et ne peut-il pas se confier dans la personne de sa femme comme dans toute autre personne. Mais remarquons du reste, qu'il ne s'agit plus ici d'autorisation proprement dite, mais bien de procuration et de mandat parfaitement valable quoique général comme le prouvent les art 1987 et 1988. Remarquons enfin qu'une procuration générale serait encore parfaitement valable, alors même qu'elle se rapporterait à l'administration des biens

personnels de la femme, lorsque cette administration est restée entre les mains du mari, soit en vertu
d'une clause particulière insérée au contrat de mariage, soit par l'effet du régime même qu'ont adopté
les époux; par exemple dans le régime sans communauté où dans le régime dotal touchant les biens
dotaux.

Dans ce cas en effet, le mari peut en vertu d'une
procuration générale se décharger sur sa femme de
l'administration dont il est chargé. Mais la femme
n'administrera ses biens personnels, que sous la responsabilité de son mari, dont elle est le mandataire
et qui sera responsable de cette administration
comme s'il l'avait gérée lui-même. Mais ici encore,
nous l'avons déjà dit et nous ne saurions trop le répéter, il ne s'agit que de mandat, de procuration
donnée par le mari à sa femme, et non d'autorisation maritale proprement dite, qui ne peut se présenter, que lorsque la femme ayant conservé entre
ses mains l'administration de ses biens propres, a
besoin d'être habilitée à faire un acte pour lequel elle
ne peut pas agir seule et sans autorisation. Revenons
donc à l'autorisation maritale proprement dite, et
examinons dans toutes ses conséquences le caractère de spécialité qu'elle doit présenter.

Et tout d'abord, en quoi consiste le principe de la
spécialité? Quel est le signe auquel nous reconnaî-
trons qu'une autorisation est spéciale, et dans quels
cas pourrons-nous la valider comme telle? C'est là,

un des points les plus discutés de notre matière, question de fait, qui du reste est soumise au pouvoir d'appréciation des tribunaux, et sur lequel la jurisprudence et les auteurs sont loin d'être toujours d'accord.

Nous pensons qu'en principe, pour décider si une autorisation est générale où spéciale, il faut rechercher si le mari a ou non autorisé sa femme en connaissance de cause; l'autorisation sera donc spéciale s'il a connu l'affaire dans ses principaux détails. Si au contraire, l'autorisation du mari ne se rapporte qu'à des actes juridiques déterminés seulement dans leur nature, elle ne présente point le caractère de spécialité indispensable à sa validité, il faudra de plus que les objets et les sommes sur lesquels l'acte juridique doit porter, soient spécifiés et limités.

On ne pourrait donc pas considérer comme une autorisation spéciale, celle qui aurait été donnée en termes généraux à une femme, d'aliéner ou d'hypothéquer ses immeubles, ou de contracter des emprunts. (Aubry et Rau) 2. IV. § 472, n° 46.

Mais que décider dans le cas ou la femme a été autorisée, non pas à aliéner tous ses immeubles, comme dans l'hypothèse précédente, car dans ce cas, comme nous venons de le voir, l'autorisation serait générale, art. 1538, 2° al., mais seulement tels immeubles nominativement désignés, ou ce qui revient au même, un immeuble unique si l'on veut.

Dans ce cas, la règle que nous venons de poser, touchant le principe de la spécialité de l'autorisation maritale, nous permet-elle de reconnaître une pareille autorisation comme valable?

Certains auteurs le soutiennent en se fondant sur les art. 1538, 1987 et 1988 du Code civil. Et en effet, disent-ils, l'article 1538 n'annule que l'autorisation donnée à la femme d'aliéner ses immeubles, c'est-à-dire tous ses immeubles indistinctement, mais non l'autorisation précise, limitée, d'aliéner seulement un ou deux immeubles. Et cette interprétation se trouve évidemment confirmée par les art. 1987 et 1988 qui en définissant le mandat spécial, ne nous permettent pas de considérer comme générale l'autorisation donnée à la femme et ne s'appliquant qu'à certains biens ou à certaines affaires seulement.

D'ailleurs, quel est le but de la loi, n'est-ce point d'empêcher les autorisations illimitées, qui ne tendraient à rien moins, comme dit Pothier, qu'à rendre la femme indépendante du mari et à la soustraire entièrement à sa puissance? Or, il est bien évident qu'un mari qui autoriserait sa femme à soutenir tout procès, ou à aliéner tout ce qu'elle voudrait, ferait une véritable abdication de la puissance maritale; mais il n'en est pas de même, lorsqu'il ne fait que donner à sa femme l'autorisation qui nous occupe, et l'on ne peut vraiment pas dire que la femme autorisée à soutenir certains procès, à aliéner certains biens, soit véritablement indépendante de son mari.

Et d'ailleurs, ne serait-il pas bien souvent contraire
à l'intérêt même des époux d'éxiger d'avantage, et
ne se présente-t-il pas bien des circonstances ou
l'autorisation doit intervenir quand il est impossible
de prévoir à quelle époque, et dans quelles conditions se fera l'aliénation par exemple, qu'elle a pour
objet de permettre : Aubry et Rau, 2 IV. § 472 —
n° 46.

Ces considérations ne nous paraissent point fondées. Le principe, nous l'avons vu en matière de
spécialité de l'autorisation maritale, est que le mari
doit autoriser en connaissance de cause, hors de là,
la spécialité n'existe pas et l'autorisation doit être considérée comme générale. Or il nous parait impossible d'admettre que dans l'hypothèse qui nous occupe,
l'autorisation est vraiment une autorisation spéciale.
Le soutenir nous paraîtrait évidemment mal interpréter le texte et l'esprit des art. 223 et 1538. Et en
donnant une pareille autorisation, nous pensons que
le mari ne ferait en définitive qu'abdiquer une part
de sa puissance et ne veillerait point d'assez près
aux intérêts matrimoniaux. Or, c'est précisément
d'une part pour que ces intérêts soient sauvegardés,
et d'autre part pour que la femme ne fasse rien qu'ait
approuvé le mari, qu'a été établie l'incapacité de la
femme mariée. Il faut donc pour que l'autorisation
soit véritablement spéciale, qu'elle soit donnée en
vue d'un acte à payer à une époque déterminée,
avec fixation de prix, et après examen des différentes

conditions de cet acte. Or, c'est précisément ce qui n'existe pas dans l'hypothèse qui nous occupe, et nous ne pouvons donc pas reconnaître comme spéciale, l'autorisation que le mari donnerait d'une manière générale à sa femme d'aliéner tels ou tels immeubles, alors même qu'ils sont nominativement désignés.

Remarquons du reste, que le nombre même des immeubles est en lui-même complètement indifférent à la question de savoir si l'autorisation est générale, ou si au contraire elle présente suffisamment le caractère de spécialité qui seul peut la faire valider; et qu'une autorisation ne doit pas être déclarée nulle, comme constituant une autorisation générale, par cela même que le mari l'a donnée pour habiliter par exemple sa femme à aliéner plusieurs immeubles. Et en effet, comme nous le disions dès le début même de cette discussion, le seul élément qui constitue la spécialité, c'est la connaissance par le mari des conditions, des circonstances de l'aliénation; dès qu'il les connaît, l'autorisation est spéciale, et par conséquent on doit la valider comme telle, alors même qu'elle a pour but de permettre à la femme d'aliéner plusieurs immeubles à la fois ; car, nous le répétons encore, pareille autorisation est donnée en connaissance de cause, et il n'y a pas lieu de s'inquiéter de l'importance de l'acte qu'elle est destinée à valider.

Jusqu'à présent nous avons raisonné dans l'hypothèse où l'autorisation donnée par le mari à sa femme avait pour but de l'habiliter à aliéner des immeubles. Mais l'on comprend que tout ce que nous venons de dire doit également s'appliquer à toute autre sorte d'affaire. Le mari pourra donc autoriser sa femme pour plusieurs actes à la fois, pourvu que son autorisation soit spéciale, et nous savons qu'elle présente ce caractère toutes les fois que le mari a eu connaissance des circonstances principales dans lesquelles les actes qu'il autorise doivent intervenir.

C'est ainsi que la Cour de cassation, par un arrêt du 29 juin 1842, a jugé comme présentant suffisamment le caractère de spécialité, l'autorisation donnée à la femme d'ester en jugement pour faire annuler tous les engagements contractés par elle avec son mari, bien que cette autorisation comprit en masse tous les engagements.

Nous avons vu qu'une autorisation était spéciale, par cela même que le mari avait eu connaissance des principales circonstances de l'affaire que la femme voulait conclure et que l'autorisation était destinée à valider. Or, devons-nous considérer et valider comme telle, l'autorisation donnée par le mari à sa femme de contracter un emprunt sans que cette autorisation fixe le chiffre des obligations que la femme pourra souscrire. La cour de Poitiers, par arrêt du 25 février 1823, l'a ainsi décidé. Mais cet arrêt ne nous paraît pas avoir bien jugé; sans

doute les emprunts ne sont qu'une seule sorte d'affaire, mais nous avons déjà vu que la condition de
spécialité n'était pas remplie, par cela seul que
l'autorisation était donnée à la femme de passer un
acte déterminé seulement dans sa nature. Il n'y a
là, comme dans l'espèce précédente, qu'une véritable abdication de la puissance maritale faite par le
mari en faveur de sa femme, abdication qui ne peut
point constituer une autorisation et que nous ne
pouvons pas valider.

Enfin que décider lorsque dans le contrat de mariage même, la femme a été autorisée à aliéner l'un
de ses immeubles quand elle le jugerait à propos ?
Dans ce cas, l'autorisation ne nous paraît pas encore
présenter suffisamment le caractère de spécialité,
une nouvelle et spéciale autorisation sera donc indispensable. C'est, du reste, ce qu'a jugé la Cour de
cassation. Req. rej. 14 décembre 1840. Voir cependant, en sens contraire, M. Duranton, XV, 311.

Nous avons vu, lorsqu'il s'est agi pour nous de
définir et de discuter le principe même de la spécialité en matière d'autorisation maritale, qu'il ne fallait pas rechercher dans les art. 1987 et 1988 du
Code Napoléon l'interprétation des art. 223 et 1538.
En un mot, que l'autorisation maritale n'est pas
spéciale dans le cas ou cependant le mandat, aux
termes des art. 1987 et 1988, doit être reconnu
comme tel.

Ce principe va nous servir de base pour prendre

partie dans la question suivante qui, d'ailleurs, est fort ancienne. Voici l'hypothèse.

Une femme donne à son mari procuration d'aliéner ou d'hypothéquer ses immeubles ou de contracter en son nom des emprunts illimités. Or, les tiers avec lesquels le mari aura contracté, en vertu d'un pareil mandat, sont-ils bien surs de la validité de leur contrat ? En un mot, la femme a-t-elle été valablement représentée, est-elle engagée ?

Evidemment pourrait-on dire, car nous nous trouvons ici aux termes mêmes des art. 1987 et 1988 en face d'une procuration spéciale. Or, si la procuration est spéciale, comment pourrait-il se faire que l'autorisation maritale, qui résulte de l'acceptation même que le mari fait du mandat que lui donne sa femme, ne soit pas aussi spéciale et comme telle parfaitement valable. Donc, si l'on admet que l'autorisation est valable, on doit par là même reconnaître que le mari a parfaitement pu représenter sa femme vis-à-vis des tiers, et par conséquent que les contrats sont inattaquables.

Cette argumentation, il faut bien le reconnaître, est au premier abord spécieuse, mais il est facile de la repousser en invoquant le principe même que nous avons posé au commencement de cette discussion. Sans aucun doute, aux termes des art. 1987 et 1988, il y a bien là de la part de la femme procuration spéciale, mais cela ne prouve nullement que l'autorisation donnée par le mari soit elle-même spéciale et par conséquent qu'on puisse la déclarer valable. En un mot, il peut parfaitement arriver que l'autorisation qui résulte de l'acceptation qui est faite d'un mandat qui cependant est spécial, n'en soit pas moins elle-même une autorisation générale. C'est qu'en effet, comme nous l'avons vu, nous sommes en matière d'autorisation maritale en dehors des principes mêmes posés par les art. 1987 et 1988 relativement à la spécialité du mandat. Les art. 223 et 1538 qui posent le principe de la spécialité de l'autorisation maritale, ne doivent point trouver leur commentaire dans les art. 1987 et 1988. Encore une fois nous nous trouvons en face d'une femme dont la capacité est circonscrite en dehors du droit commun.

Et maintenant il ne nous reste plus qu'à prouver que l'autorisation n'est point spéciale dans l'hypothèse qui nous occupe, et par conséquent, que nous ne pouvons pas valider les actes faits par le mari au nom de sa femme. Pour le démontrer nous n'avons qu'à supposer que la femme a donné non point à son mari lui-même, mais à toute autre personne la procuration dont il s'agit, c'est-à-dire mandat d'aliéner où d'hypothéquer ses immeubles ou de contracter en son nom des emprunts illimités. Dans ce cas, est-ce que l'on devrait considérer comme spéciale, et par conséquent comme valable, l'autorisation maritale qui interviendrait sur une pareille procuration? Evidemment non, et personne n'hésiterait à la considérer effectivement comme générale et par contre comme entachée de nullité. Nous sommes donc par là amenés à reconnaître que dans l'hypothèse même où c'est le mari qui est mandataire, où l'autorisation résulte de l'acceptation du mandat que lui donne la femme, l'autorisation est une autorisation générale qui n'a pas pu valablement habiliter la femme, et par conséquent l'obliger envers les tiers qui ont contracté avec le mari.

Mais ici se présente une objection qui est des plus graves, il faut bien le reconnaître: Oui dit-on, tant que le mari ne fait que donner son autorisation, l'autorisation est générale; mais aussitôt que le mari exerce le mandat que lui a donné sa femme, dès qu'il vend ou hypothèque les biens de la femme, ou contracte en son nom des obligations, l'autorisation de générale qu'elle était, devient spéciale, puisque le mari agit nécessairement en connaissance de cause et que c'est là la condition qui seule fonde la spécialité.

Cette objection ne nouc arrêtera pas cependant, car elle n'est qu'une véritable pétition de principe, puisqu'elle suppose que le mandat donné par la femme à son mari se trouve valable, et c'est précisément ce qu'il s'agit de savoir; or le mandat n'a point été valablement donné, puisqu'il n'a été donné que grâce à une autorisation générale, Le mari a donc beau autoriser ensuite spécialement, au fur et à mesure de chaque acte, son autorisation ne s'applique à rien, car c'est alors le consentement de la femme qui manque, celui qu'elle a donné dans la procuration ne suffisant pas.

Ainsi donc les principes même que nous avons posés touchant l'interprétation de l'art. 223 nous conduisent nécessairement à reconnaître que la femme ne peut pas donner par avance à son mari le pouvoir vague et général de s'obliger d'une manière illimitée et de disposer de ses biens, c'est ce qu'a jugé la Cour de Cassation arrêt du 18 mars 1840.

Remarquons du reste que cette solution parfaitement juridique comme nous venons de le démontrer, est encore parfaitement équitable. Ne serait-il pas en effet dangereux que la femme pût donner à son mari des procurations illimitées, qu'elle consentirait la plupart du temps sans connaissance de cause, et dont il ne serait souvent que trop facile à celui-ci d'abuser et de tourner à son profit au détriment des intérêts mêmes de la femme. Il est juste et raisonnable, comme le disait M. Troplong dans son rapport qui a préparé l'arrêt de 1840, que la femme soit consultée lorsqu'il s'agit de ses propres affaires. En un mot son consentement doit être aussi spécial que celui du mari lui-même.

Remarquons enfin que tout ce que nous venons de dire ne peut évidemment s'appliquer, que dans l'hypothèse où la femme a donné une procuration générale, soit à un tiers, soit à son mari lui-même. Il ne faudrait donc point donner la même solution

et par conséquent appliquer le principe de la spécialité de l'autorisation à l'hypothèse tout-à-fait
inverse de celle que nous venons d'examiner, c'est-
à-dire dans le cas où une personne parfaitement
capable de ses droits *(sui juris,* allions nous dire),
soit un tiers, soit le mari lui-même, donnerait une
procuration générale à la femme. Dans ce cas, en
effet, la procuration, quoique générale, se trouve parfaitement valable, et malgré les termes généraux de
la procuration, la femme peut valablement engager
son mandant vis-à-vis des tiers. Mais c'est un point
que nous avons déjà examiné et sur lequel il est
inutile d'insister maintenant.

Donc, et pour résumer en deux mots ce que nous
venons de dire au sujet de la spécialité de l'autorisation maritale, on peut dire que le mari ne peut
donner à sa femme qu'une autorisation spéciale, et
qu'une autorisation n'est spéciale qu'alors qu'il l'a
donnée en connaissance de cause, c'est-à-dire en
connaissant et par conséquent en approuvant les
différentes circonstances de temps et de conditions
qui doivent accompagner l'acte qu'il autorise.

Cette règle absolue en principe n'est point cependant sans comporter quelques exceptions, et ce sont
ces exceptions que nous voulons maintenant examiner.

La première exception au principe de la spécialité
de l'autorisation maritale nous est déjà connue. Il
s'agit du cas où la femme a conservé entre ses mains

l'administration de ses biens propres, soit en vertu du régime même de mariage adopté par les époux, soit par suite d'une clause particulière insérée au contrat de mariage, alors que le régime sous lequel les époux se sont mariés faisait passer cette administration entre les mains du mari. Dans ce cas, en effet, la femme peut agir seule et sans autorisation nouvelle toutes les fois qu'elle veut faire un acte qui rentre dans la sphère de l'administration qu'elle a ainsi conservée, sauf dans le cas contraire à demander une autorisation spéciale. Remarquons même que toute autorisation générale, alors même quelle est donnée par contrat de mariage, doit être restreinte aux actes d'administration, art. 223.

Du reste, il ne peut être question d'autorisation générale donnée à la femme d'administrer ses biens, que lorsque cette autorisation résulte, comme nous venons de le dire, soit du régime qu'ont adopté les époux, soit d'une clause particulière insérée au contrat de mariage. Il n'y aurait donc pas autorisation proprement dite, si cette administration avait passé des mains du mari en celles de la femme par un acte postérieur au mariage.

Les conséquences en sont fort importantes. Toutes les fois en effet, que la femme administre ses biens personnels en vertu d'une autorisation générale d'administrer, elle le fait sous sa propre responsabilité ; tandis qu'au contraire, lorsque le mari ne lui a confié cette administration que par un acte postérieur au mariage, elle n'administre alors qu'en vertu d'une procuration, et par conséquent sous la propre responsabilité du mari dont elle est véritablement le mandataire.

Remarquons enfin, qu'en cas de séparation judiciaire, on peut véritablement dire que la femme administre ses biens en vertu d'une autorisation générale postérieure au mariage ; car en effet, dans ce cas, elle le fait sous sa propre responsabilité, celle du mari étant complètement dégagée. Quant à l'étendue même du droit d'administration ainsi conféré à la femme en vertu d'une autorisation générale, nous n'avons pas à y revenir ici, car nous l'avons examiné dans tous ses détails lorsque nous avons recherché quelle est l'étendue de la capacité de la femme séparée de biens.

La seconde exception au principe de la spécialité de l'autorisation maritale se présente lorsque la femme est marchande publique. La femme ne peut, en effet, être marchande publique sans avoir obtenu l'autorisation de son mari, mais une fois cette autorisation obtenue elle peut faire tout acte relatif à son commerce sans une nouvelle et spéciale autorisation. (Art. 7 du code de com. et 220 du code civil.) Nous trouvons donc bien là une véritable exception au principe de la spécialité et par conséquent à la règle posée dans l'art. 223, et non comme certains auteurs ont voulu le soutenir, à l'incapacité de la femme mariée et à l'art. 217.

Mais revenons à l'autorisation maritale proprement dite et examinons maintenant dans quelle
forme elle doit être donnée. On peut dire que nulle
condition de forme n'est exigée et que la seule condition nécessaire à la validité de l'autorisation maritale c'est la spécialité que nous venons d'examiner.
Il n'en n'était pas de même dans l'ancien droit, et à
cet égard l'on était plus exigeant. Sans doute en
matière judiciaire l'autorisation n'était soumise à
aucune condition de forme, et le mari pouvait l'autoriser de quelque manière que ce fut à ester en
jugement. Mais en matière extra-judiciaire, l'autorisation devait nécessairement être expresse, solennelle, on peut même dire sacramentelle. Il ne suffisait pas qu'elle fut claire, formelle, irrécusable ; il
fallait non-seulement la chose, mais le mot lui-
même, *sicut donat* disait Tiraqueau.

Il n'en n'est plus de même aujourd'hui sous l'empire du Code civil. L'autorisation n'a plus besoin
d'être solennelle, qu'il s'agisse pour le mari d'autoriser sa femme à ester en jugement ou à passer un
acte extrajudiciaire. Les rédacteurs du Code ont in-
différemment employé les mots consentement et
autorisation, qui précisément dans l'ancien droit
servaient de bases aux plus subtiles controverses.
art. 215, 226, 776, 934, 1426, 1449, 1535. C. Nap.
4 et 5 du *cod. de co*. Non seulement l'autorisation
maritale n'a plus besoin aujourd'hui d'être solennelle, mais elle n'a même plus besoin d'être expresse

et peut n'être que tacite et résulter par conséquent de tout fait, de toute circonstances prouvant l'adhésion du mari à l'acte passé par la femme. Examinons donc d'abord, dans quel cas il faut dire que l'autorisation maritale est expresse et nous passerons ensuite aux règles de l'autorisation tacite.

L'art 217 en parlant du consentement par écrit du mari, prévoit par cela même l'hypothèse, où le mari autorise expressément sa femme; or immédiatement en face des termes mêmes de l'art. 217, se pose la question de savoir si l'autorisation expresse doit absolument résulter d'un acte écrit ou si au contraire elle peut n'être que verbale. Les termes mêmes de l'art. 217 porteraient bien à croire que l'autorisation expresse ne peut jamais être verbale, puisque cet article ne parle précisément, que du consentement par écrit; mais cette considération tirée des termes mêmes de l'art. 217, n'a pas une assez grande valeur pour qu'on puisse en tirer cette conséquence, que nous nous trouvons ici en face d'une des exceptions au principe général, que la manifestation du consentement sauf dans certains cas spécialement prévu par la loi, n'est soumise à aucune formalité intrinsèque, et par conséquent pour qu'on puisse refuser absolument tout effet, et dans quel cas que ce soit, à l'autorisation du mari qui serait seulement verbale. En un mot, il est difficile de croire qu'en ne parlant que de consentement par écrit, l'art, 217 ait eu par cela même pour but, d'exiger l'écrit *ad so-*

lemnitatem. Il ne faut donc pas exagérer à ce point de vue la portée des derniers mots de l'art. 217. Tout ce qu'on peut conclure de cet article c'est qu'il s'oppose à ce que l'autorisation verbale puisse être prouvée par témoins quelque soit la valeur de l'acte juridique passé par la femme, alors même par conséquent que cette valeur ne dépasse pas 150 fr. Ce qui entraîne naturellement l'irrecevabilité des moyens de preuves tirées des présomptions se fait ou de l'homme, puisque ces moyens de preuves ne sont admissibles aux termes de l'art. 1355, que dans le cas où la preuve testimoniale l'est elle même.

Mais que faut-il décider s'il existe un commencement de preuve par écrit (art. 1347), ou si l'autorisation maritale a bien été donnée par écrit; mais si cet écrit, par suite d'un cas fortuit ou de force majeure a disparu. (Art. 1348.) Dans ces deux cas la preuve par témoins sera-t-elle admissible?

L'art. 217 est tellement absolu, qu'il paraît bien difficile d'admettre la preuve testimoniale alors même qu'il existerait un commencement de preuve par écrit. (Demolombe, IV, 193.) Mais comment ne pas l'admettre alors que l'écrit a disparu. La position de celui qui demande à faire la preuve de l'existence de l'acte qui constatait l'autorisation maritale n'est-elle pas dans ce cas digne de toute faveur, et ne serait-il pas vraiment injuste qu'un cas fortuit lui fit ainsi perdre le droit de prouver que l'autorisation a bien été réellement donnée, en faisant entendre des témoins qui viendraient effectivement déclarer qu'ils ont eu le titre entre leurs mains. Nous sommes donc portés à admettre cette seule exception au principe général que l'autorisation maritale, lorsqu'elle est expresse, ne peut pas être prouvée par témoins.

Du reste, l'exclusion en pareille matière de la preuve testimoniale et des présomptions de fait et de l'homme, n'entraîne point l'irrecevabilité de tout autre moyen de preuves, qui, par conséquent, doit rester au pouvoir des parties. L'autorisation maritale, lorsqu'elle est verbale, peut donc être prouvée, soit par l'aveu judiciaire, 1361, soit par le serment *litis* décisoire du mari ou de la femme; 1361-1363. Mais ici nous avons besoin d'entrer dans quelques détails pour bien préciser quelle doit être la portée même de ces deux moyens de preuve.

Et d'abord, pas de difficulté lorsque le mari et la femme, tous deux ensemble, ont avoué l'existence de l'autorisation, ou lorsqu'ils ont prêté serment, ou, ce qui revient au même, ont refusé de le prêter. Dans ce cas en effet, l'existence de l'autorisation se trouve évidemment établie envers et contre tous, puis qu'elle résulte de l'aveu même des seules parties intéressées à la dénier.

Mais que décider lorsqu'à la différence de l'hypothèse que nous venons d'éxaminer, c'est l'un seul des époux qui avoue, prête serment ou refuse de le prêter ? Cet aveu, ce serment, doit-il produire un effet absolu ou simplement relatif ? En un mot, l'éxistence de l'autorisation qui en résulte peut-elle être opposée aux deux époux à la fois ou seulement à l'époux dont il émane ?

A cet égard il faut distinguer suivant que l'aveu ou le serment émane du mari ou bien de la femme elle-même. Émane-t-il de la femme elle-même, l'aveu, le serment produit des effets absolus, et par conséquent peut être opposé, non-seulement à la femme, mais encore au mari lui-même, toutes les fois que la femme avait capacité pour le faire ; or, elle n'a capacité pour le faire que lorsqu'elle y est dûment autorisée. Si au contraire la femme avoue ou prête serment sans être autorisée, cet aveu, ce serment ne peut produire aucun effet, pas même un effet relatif, et par conséquent on ne peut pas plus l'opposer à la femme dont il émane qu'au mari lui-même. Donc l'aveu, le serment, émané de la femme, ne peut produire que des effets absolus ou que des effets complètement nuls.

Il n'en n'est pas de même de l'aveu ou du serment qui émanerait du mari et qui à notre avis du moins ne peut jamais produire que des effets relatifs. L'aveu que le mari fait de l'éxistence de l'autorisation le rend donc désormais incapable, d'attaquer l'acte passé par sa femme (1356, 1361), mais celle-ci où ses héritiers n'en conservent pas moins le droit de l'attaquer eux-mêmes, et d'en faire pro-

noncer la nullité comme ayant été fait sans autorisation, car aux termes des art. 1356 al. 2. et 1365
al. I^e, l'aveu comme le serment, ne fait pleine foi que
contre celui dont il émane. Nous n'admettons donc
pas que le mari, puisse par une ratification postérieure, faire perdre à la femme où à ses héritiers,
l'action en nullité qui leur appartient. Voir cependant en sens contraire, Zachariæ T. III, page 344:
en cela parfaitement conséquent avec lui-même,
comme le fait remarquer M. Demolombe, T. IV,
193, puisqu'il admet que la ratification du mari rend
désormais inattaquable par la femme elle-même,
l'acte qu'elle prétend avoir fait sans autorisation.

Nous venons de voir que l'autorisation expresse,
ne peut en principe être prouvée que, par la repré-
sentation de l'écrit qui la constate. Mais dans quelle
forme cet écrit doit-il être rédigé?

Pas de difficulté, lorsque la femme veut passer un
acte, pour lequel la formalité de l'acte authentique,
n'est pas exigée. Dans ce cas en effet, il est de toute
évidence, que l'autorisation peut être donnée dans
un acte sous seing-privé.

Mais que décider, s'il s'agit au contraire, pour la
femme de passer un de ces actes, tels que la donation ou la constitution d'hypothèque, pour lequel il
faut absolument avoir recours à la formalité de l'acte
authentique. La raison de douter ici, c'est qu'on
reconnaît en général que la procuration doit être

authentique toutes les fois qu'elle est donnée pour consentir un acte qui doit être fait devant notaire. La solution ne peut donc souffrir aucune difficulté pour ceux là même qui admettent la négative dans cette première question, car, en reconnaissant que la procuration n'a pas besoin dans ce cas d'être authentique, ils doivent également admettre qu'on ne doit pas être plus exigeant touchant l'autorisation maritale.

Mais alors même, et c'est là notre opinion, qu'on reconnaît que toute procuration donnée pour consentir à un acte qui doit être fait devant notaire, doit être authentique, on peut parfaitement soutenir que les mêmes conditions de formes ne doivent pas être exigées en ce qui touche l'autorisation maritale, et par conséquent qu'un simple acte sous-seing privé, une simple lettre missive seront suffisants. Et en effet, autre chose est le mandat, qui n'est en définitive que le commencement d'exécution de l'acte même pour lequel il est donné, autre chose est l'autorisation maritale, qui n'est au contraire qu'une pure condition de capacité personnelle, tout à fait étrangère à la forme des actes pour lesquels elle est accordée. La Cour de cassation a donc eu tort de juger, par arrêt du 1er décembre 1848, req. rej., que l'autorisation nécessaire à la femme pour pouvoir faire une donation entre-vifs, constituait l'un des éléments mêmes de la donation et par conséquent devait être renfermée dans un acte authentique.

Mais que devons-nous décider, dans le cas où l'autorisation n'aura pas été annexée à l'acte même, passé par la femme, de telle sorte qu'elle a contracté absolument comme si elle n'était pas autorisée ? Dans ce cas la nullité de l'acte, pourra-t-elle être demandée absolument comme si la femme avait contracté sans aucune autorisation. L'affirmative a été soutenu par Toullier, t. II, n° 647. Car, disait-il, c'est la même chose qu'il n'existe pas d'autorisation ou que la femme n'en fasse pas usage. Mais cette opinion qui n'est en réalité que la reproduction des idées de l'ancien droit, ou elle était une conséquence de l'exagération que nos anciens auteurs avaient donnée de la solennité de l'autorisation maritale, doit être aujourd'hui rejetée, car nous avons vu que les rédacteurs du Code civil ont abandonné sur ce point les errements de l'ancien droit.

Remarquons, du reste, que si le tiers est prudent, il fera parfaitement de se faire remettre l'écrit constatant l'autorisation ou de le faire annexer à l'acte passé avec la femme, car c'est en définitive à lui qu'incombe la charge de prouver que l'autorisation a été effectivement donnée.

La solution que nous venons de donner, nous conduit naturellement à reconnaître comme parfaitement valable l'autorisation du mari qui ne se trouverait qu'à la fin de l'acte lui-même, et après la signature de la femme, Turin, 17 décembre 1810 ; pourvu, bien entendu, qu'elle ait bien été donnée en même temps que l'acte lui-même ; car, si elle lui était, postérieure ce ne serait plus une autorisation proprement dite, mais une ratification. Or, la ratification nous l'avons déjà indiqué, ne peut point produire les effets de l'autorisation, du moins dans l'opinion la plus généralement adoptée, car c'est là un point controversé sur lequel nous aurons à revenir plus tard et que nous étudierons alors en détail.

Remarquons enfin que la mention de l'autorisation dans l'acte ,ne prouve point que l'autorisation ait été effectivement donnée. Le tiers devra donc, en dehors même de cette mention, prouver l'existence de l'autorisation, soit en représentant le titre même qui la contient, soit en invoquant les autres moyens de preuves qui sont en son pouvoir.

Nous arrivons maintenant à l'autorisation tacite après avoir parcouru les différentes règles de l'autorisation expresse. Nous avons vu déjà que l'autorisation tacite n'était pas connue de notre ancien droit, du moins en matière extra-judiciaire. En pareille matière l'autorisation maritale devait être expresse et solennelle. Les signes les moins équivoques de l'adhésion du mari à l'acte passé par sa femme, n'étaient point pris en considération. On devait même se servir dans la formule d'autorisation du mot autoriser et l'on n'admettait guère comme équivalent, que le mot habiliter.

Il n'en n'est plus de même aujourd'hui, et l'auto-

risation tacite se trouve placée sur le même rang
que l'autorisation expresse. (Art. 217.) Mais remarquons, que cet art. 217 qui par les mots (concours
du mari dans l'acte) pose le principe de l'autorisation tacite, que cet article, ne s'occupe que des matières extra-judiciaires. Or, l'art. 215 qui traite spécialement des matières judiciaires est muet, au sujet
de l'autorisation tacite. De là la question de savoir,
si le mari peut autoriser tacitement sa femme, aussi
bien en matière judiciaire, qu'en matière extra-judiciaire? Mais cette question ne saurait nous arrêter
longtemps, et nous l'avons résolue par avance dans
le sens de l'affirmative, lorsque nous avons reconnu
que le mari autorisait suffisamment sa femme à se
défendre par cela même qu'il intentait une action
contre elle.

Il est vrai que l'art. 215 traitant spécialement des
matières judiciaires ne fait pas mention de l'autorisation tacite. Mais ce silence, si vraiment il existe
de la part du législateur, s'explique naturellement,
par cette raison, que l'ancien droit, tout en repous-
sant l'autorisation tacite en matière extra-judiciaire,
l'admettait cependant, lorsqu'elle avait pour but
d'habiliter la femme à ester en jugement. Or, il serait vraiment absurde, que le code qui se contente
d'une autorisation tacite dans les cas où elle n'aurait
point suffi autrefois, refusât de l'admettre dans ceux
au contraire où l'on ne faisait jadis aucun doute de
la trouver bonne. La raison se refuse donc à admet-

tre une pareille distinction, que le texte même de l'art. 215 ne peut d'ailleurs nullement justifier. Le terme d'autorisation employé par cet article est en effet une expression générale, qui peut également s'entendre et de l'autorisation expresse et de l'autorisation tacite, disons même qu'il comprend certainement l'autorisation tacite, car il ne se trouve introduit dans l'art. 215 que par une faute malheureusement trop commune chez les législateurs qui, souvent, sacrifient la clareté et la précision à la recherche et à l'élégance du style. On avait en effet mis d'abord, que la femme ne pourrait pas ester en jugement sans l'assistance de son mari (Locré. Leg. civile. T. IV, p. 394.) Or, M. Boulay fit observer que le mot assistance se trouvait employé tout à côté dans l'art. 212 avec une autre signification et le mot assistance fut remplacé par le mot autorisation. Tenons donc pour certain, que l'autorisation tacite est suffisante pour habiliter la femme aussi bien dans les procès que dans les contrats. Req. rej. 22 avril 1828. Grenoble, 21 février 1832.

Mais en quoi consiste l'autorisation tacite, quelles sont les circonstances dont on peut la déduire? c'est ce que nous avons maintenant à rechercher.

L'art. 217 ne parle que du concours du mari dans l'acte, faut-il en conclure que tout fait, toute circonstance qui en dehors du concours du mari prouverait cependant son adhésion à l'acte passé par sa femme, ne peut suffire à constituer une autorisation tacite et par conséquent à habiliter la femme? C'est là une question controversée, mais avant de l'aborder examinons d'abord ce qu'il faut entendre par concours dans l'acte.

Et tout d'abord, remarquons que la question de savoir s'il y a ou non concours du mari, est une question de fait soumise à l'appréciation des tribunaux: Mais en-dehors des circonstances particulières qui peuvent se présenter en pratique, voici quelques exemples dans lesquels le concours du mari ne peut faire aucun doute.

Un mari fait une donation à sa femme, n'est-il pas évident que par la même, il l'autorise à accepter. De même dans le cas inverse, la femme se trouve suffisamment habilitée à faire une donation à son mari, par cela même que celui-ci l'accepte.

Un mari tire sur sa femme une lettre de change, par la même il l'autorise à l'accepter. Caen, 2 août 1814.

De même, lorsqu'un mari passant un contrat s'engage à le faire ratifier à sa femme, il l'autorise suffisamment à le ratifier, et il n'a pas besoin de donner à cet effet une nouvelle autorisation.

Le mari qui fait une déclaration de remploi pour sa femme art. 1435, l'autorise à l'accepter.

Enfin toutes les fois que le mari s'oblige conjointement avec sa femme, il faut évidemment admettre qu'il l'autorise à contracter l'obligation qu'il partage ainsi avec elle. Nous verrons du reste, que c'est là un point sujet à controverse, et que des auteurs soutiennent que dans ce cas, quoiqu'il y ait bien véritablement concours du mari dans l'acte, son autorisation quoique certaine ne peut pas suffire, car il ne saurait être *auctor in rem suam*, la justice sera donc appelée à autoriser; nous repousserons cette opinion, mais pour le moment contentons nous de la signaler.

L'autorisation tacite résultant du concours du mari se présente en matière judiciaire dans les cas suivants: Le mari intente une action contre sa femme, celle-ci n'a pas besoin d'être spécialement autorisée à y défendre. De même, lorsque le mari procède avec sa femme dans une même instance, soit comme demandeur, soit comme défendeur, on doit reconnaître qu'il autorise par la même sa femme à soutenir le procès sans qn'il y ait à rechercher si leurs intérêts sont réunis, où s'ils sont au contraire distincts. Dans tous les cas que nous venons d'examiner, le concours du mari est évident, l'autorisation tacite éxiste donc, la femmo n'a pas besoin d'être nouvellement habilitée. Il n'en est pas de même dans les hypothèses suivantes:

Une femme passe un contrat avec le concours d'un mandataire de son mari, mais dont le mandat ne portait pas spécialement le pouvoir de l'autoriser. Il est impossible dans ce cas d'admettre qu'il y ait là un équivallent du concours du mari dans l'acte, et par conséquent une autorisatien tacite. Civi. rej. 19 avril 1843.

De même on ne saurait voir un concours du mari devant emporter autorisation dans ce fait que le mari souscrivant un billet, la femme écrit son obligation à la suite. Rien ne prouve en effet que la femme ait été autorisée, et il peut au contraire parfaitement se faire que le créancier l'ait fait engager postérieurement au mari.

Mais que décider si le mari, ne sachant pas signer, appose cependant une croix sur les billets souscrits par sa femme. Y a-t-il là autorisation expresse ? Nous ne le pensons pas, car la croix n'est pas une signature, une approbation écrite. Mais ce fait ne doit-il pas tout au moins constituer une autorisation tacite ? Il nous paraît difficile de répondre à cette question d'une manière absolue, les tribunaux apprécieront et verront d'après les circonstances s'il ne faut pas considérer le mari dans cette hypothèse comme concourant dans une certaine mesure à l'acte passé par sa femme, concours qui peut constituer de sa part une autorisation tacite.

Et, maintenant que nous connaissons par ces exemples ce qu'il faut entendre par ces mots de l'art. 217 (concours du mari dans l'acte), examinons si l'autorisation tacite ne peut pas se déduire, en dehors même du concours du mari, d'autres circonstances ; telles, par exemple, que la conduite du mari, si l'on suppose qu'il a connu, toléré et même conseillé l'acte fait par sa femme.

En général, on fait une distinction et l'on dit :

Quant à l'autorisation de faire le commerce, le consentement du mari peut s'induire d'autres circonstances que de son concours dans l'acte ; par exemple de ce qu'il aura connu et toléré l'acte de sa femme. Mais, hors ce cas unique, le concours du mari dans l'acte est indispensable. Quand même il aurait connu, toléré, bien plus conseillé l'acte fait par la femme, les tribunaux ne seront pas admis à faire l'appréciation de ces circonstances et à en induire une autorisation tacite.

Bien que cette manière de voir soit très-généralement admise, il ne nous paraît pas possible de l'adopter, et nous pensons, au contraire, que les tribunaux peuvent parfaitement reconnaître en fait que le mari a consenti à l'acte passé par sa femme, lorsque les circonstances le démontrent clairement, alors même qu'il n'y aurait pas précisément concours du mari dans l'acte. Les raisons de distinguer entre l'autorisation pour faire le commerce et toute autre autorisation ne nous semblent point décisives.

Ce ne sont pas, en effet, des arguments bien solides que ceux qu'on prétend tirer de l'ancien droit et des termes de l'art. 5 du code de commerce. N'avons-nous pas vu en effet que le code a, quant à la forme de l'autorisation et aux conditions de sa validité, complètement abandonné les errements de l'ancien droit ? Que les mots autorisation et consentement sont indistinctement employés par les rédacteurs du code, sans qu'on en puisse induire aucune dérogation à la règle générale de l'art. 217. En présence de cette règle, il faut dire que l'autorisation maritale ne peut jamais résulter tacitement que du concours du mari dans l'acte, alors même qu'elle a pour objet de permettre à la femme de faire le commerce. Ou si l'on admet avec presque tous les auteurs, que la simple tolérance du mari vaut pour la femme autorisation de faire le commerce, ce que nous admettons, il faut généraliser cette exception et dire que le consentement tacite du mari peut résulter d'autres circonstances que son concours dans l'acte. Si l'art. 217 a cité ce fait particulier, ce n'est pas dans un esprit d'exclusion, mais seulement parce qu'il est en pratique le plus ordinaire et le plus significatif. Ne serait-il pas d'ailleurs souverainement injuste que le mari, après avoir, au vu et su de tout le monde, toléré certains actes de sa femme, peut être même après les avoir conseillé dans le principe, put venir ensuite les désavouer, lorsqu'en voyant l'issue douteuse, il le jugera conforme à ses intérêts? Ne serait-ce pas offrir de la meilleure grâce aux époux, un moyen facile d'abuser de la bonne foi des tiers? Ce n'est vraiment point la peine de forcer le texte de la loi pour arriver à un tel résultat.

Du moment auquel doit intervenir
l'autorisation du mari.

Le mari peut autoriser sa femme soit par avance, soit au moment même où la femme passe l'acte qui nécessite l'autorisation. C'est en effet ce qu'il faut conclure de l'art. 217 qui, d'une part, déclare suffi-sant le consentement par écrit, ce qui prouve bien que la présence du mari n'est pas indispensable ; et d'autre part regarde comme suffisant le concours du mari dans l'acte. Mais une fois l'acte passé, l'autori-sation du mari ne peut plus efficacement intervenir, du moins dans notre opinion, car cette solution est loin d'être admise par tout le monde ; elle est con-testée au contraire par les meilleurs esprits. Exami-nons donc qu'elle peut être la valeur des argu-ments invoqués en faveur de l'opinion contraire.

Mais d'abord posons bien la question sur son vé-ritable terrain. Il ne s'agit pas de savoir si le mari peut, alors que la femme a rétracté son consente-ment, la forcer à subir les conséquences d'un acte qu'elle désavoue. Car alors même qu'on admettrait la validité à l'encontre de la femme, de l'autorisa-tion postérieure du mari, il n'est pas possible de soutenir, que, si la femme avait rétracté son con-sentement, il n'y aurait pas moins un acte suscep-tible de ratification de la part du mari.

De plus, il est également certain qu'après la mort de la femme, le mari ne pourra plus ratifier de manière à enlever à ses héritiers l'action en nullité qui leur compète aux termes de l'art. 225.

D'un autre côté il est encore également certain, que le mari peut très valablement ratifier, quant à lui même, l'acte de sa femme, et renoncer par là à l'action en nullité qui lui appartient en propre. C'est un point sur lequel tout le monde est d'accord.

Enfin, il est encore incontestable que le vice résultant du défaut d'autorisation peut disparaître par l'effet d'une ratification émanant, soit des deux époux à la fois, soit seulement de la femme, alors qu'elle a reçu de son mari l'autorisation de ratifier.

Quel est donc la question si vivement débattue ? C'est celle de savoir, si le mari peut, par une autorisation, où plutôt une ratification postérieure à l'acte de sa femme, rendre cet acte inattaquable d'une manière absolue ; c'est-à-dire, non-seulement renoncer pour lui même à l'action en nullité, mais encore enlever à la femme l'action que la loi lui confère. Voici comment on raisonne pour soutenir l'affirmative.

On invoque d'abord l'opinion de nos anciens auteurs qui dit-on, était unanime sur ce point dans le sens de l'affirmative. Mais c'est à peine s'il est nécessaire de s'arrêter à cet argument, puisque nous avons eu déjà l'occasion de montrer le peu d'autorité qu'on doit accorder à l'ancien droit, en ce qui concerne le détail des conditions nécessaires à la validité de l'autorisation.

De plus on invoque le silence de l'art. 217, qui admet dit-on l'autorisation postérieure à l'acte, par cela seul qu'il ne la défend pas. Nous répondons que par cela seul que l'art. 217 parle d'autorisation, il ne regarde comme valable qu'un acte qui mérite ce nom ; or une autorisation intervenant après coup n'est point véritablement une autorisation, mais une ratification.

Mais dit-on, puisque la nullité de l'acte ne résulte que du défaut d'autorisation ou de consentement, dès que ce consentement intervient, le vice primitif disparait et l'acte devient inattaquable car : *cessante causa, cessat effectus*. Et en effet l'autorisation, indispensable à la femme mariée comme complément de sa capacité personnelle, ne saurait être en rien assimilée à *l'auctoritas tutoris* du droit romain. A cela nous répondons qu'il est bien vrai, que si le consentement du mari vient se joindre à celui de la femme, l'acte va se trouver parfaitement validé, mais y a-t-il encore consentement de la femme au moment ou intervient la ratification du mari? Evidemment s'écrient nos adversaires, puisque la femme n'a pas attaqué l'acte fait par elle, elle n'a pas retiré son consentement, donc elle persévère. Mais il nous est impossible d'admettre cette réponse, car comme disait très bien le regrettable

M. Mourlon, il est bien naturel de dire que si la femme reste dans l'inaction, c'est que pour attaquer l'acte qu'elle a fait, il lui faudrait aller trouver son mari pour le faire autoriser à cet effet et par suite, lui révéler le délit dont elle s'est rendue coupable envers lui en contractant à son insu et au mépris de sa puissance ; or c'est précisément ce que par faiblesse ou par crainte elle n'ose pas faire. La loi l'a si bien senti, qu'elle a suspendu pendant le mariage, au profit de la femme, la prescription de l'action en nullité qu'elle lui confère, art. 1304.

Quant à l'argument d'analogie qu'on prétend tirer de l'art. 183, aux termes duquel le mineur qui s'est marié sans le consentement de ses ascendants ou de sa famille, perd le droit d'invoquer la nullité de son mariage, il est évident qu'il se retourne contre qui l'invoque. Et en effet, une personne à qui la loi accorde un droit ou une action n'en saurait être privée sans son aveu et par le fait d'autrui ; pour qu'il en soit autrement dans l'hypothèse que nous venons d'indiquer, il a précisément fallu un texte de loi qui le dise expressément. Or, qu'on nous trouve un texte du même genre applicable à la femme mariée sans autorisation et nous passons immédiatement condamnation.

Reste enfin un dernier argument tiré des travaux préparatoires. Le projet de l'art. 217, contenait un second alinéa ainsi conçu : « Le consentement du

mari quoique postérieur à l'acte, suffit pour le valider, » or, dit-on, vous demandiez un texte, le voici.
Il n'y a qu'un malheur, pour ceux qui l'invoquent,
c'est que ce second alinéa a disparu de la rédaction
définitive. Mais dit-on, le Conseil d'Etat tout entier
l'a admis, et ce n'est que par suite d'un renvoi à la
section de législation et d'un remaniement tout-à-
fait étrangers à sa disposition qu'il s'est trouvé sup-
primé. Cette explication est habile, il faut le reconnaître, mais il faut avouer aussi qu'elle n'est nullement concluante ; car les arguments tirés des travaux préparatoires ne sont pas nécessairement dé-
cisifs, surtout lorsqu'ils ne s'accordent pas avec les
textes mêmes, tels qu'ils ont été définitivement
votés, ni avec les principes généraux du droit, ce
qui est précisément le cas de la question actuelle.
Tenons donc pour certain, comme nous le disions
en commençant, qu'il est impossible d'admettre la
validité de l'autorisation maritale qui n'interviendrait qu'après coup.

CHAPITRE VI

De l'autorisation de justice

§ 1^e

Des cas ou la justice est appelée à exercer le droit d'autorisation.

En principe, c'est le mari qui doit autoriser la femme, et la justice ne peut être appelée à donner l'autorisation que dans le cas ou le mari lui-même la refuse ou l'orsqu'il se trouve dans l'impossibilité de la donner.

Ainsi donc, toutes les fois que le mari refusera d'autoriser sa femme, celle-ci pourra s'adresser à la justice et lui demander l'autorisation que le mari ne veut point lui accorder. Il ne faut pas en effet, que la femme soit victime de l'obstination et de l'entètement de son mari, et il est parfaitement équitable de confier aux tribunaux l'appréciation des motifs même qui portent le mari à refuser son autorisation. Art. 218.

Quant à l'impossibilité dans laquelle se trouverait le mari d'autoriser sa femme, elle peut se présenter dans un assez grand nombre de circonstances que

nous allons successivement passer en revue et qui
sont : 1° son absence, 2° sa minorité, 3° sa condamnation à une peine afflictive ou infamante, 4° son
interdiction, 5° lorsque sans être cependant interdit
il se trouve placé dans un établissement d'aliénés,
6° enfin lorsqu'il se trouve pourvu d'un conseil judiciaire.

Absence du mari. Cette hypothèse est spécialement prévue par l'art. 222 qui déclare expressément qu'en cas d'absence du mari, c'est la justice
qui doit autoriser. Le mot absence a deux sens, l'un
général, l'autre spécial et technique. Dans le premier, il signifie la situation d'une personne qui ne se
trouve pas dans tel ou tel lieu auquel on se réfère.
Dans le second, au contraire, on désigne par absent
toute personne dont l'existence est devenue incer-
taine, soit par suite d'une disparition insolite, soit
parce que depuis longtemps on n'a pas eu de ses
nouvelles, art. 115 à 143.

En général la loi ne se sert du mot absence que
dans cette dernière acception. L'art. 222 ne s'applique donc qu'à l'absence proprement dite sans
qu'on ait d'ailleurs à distinguer si l'on se trouve
dans la première ou dans la seconde période de l'absence, en un mot si le mari est simplement pré-
sumé absent ou bien au contraire si son absence a
déjà été déclarée. (Arg. des premiers mots de l'art.
863 du C. de procédure.)

Mais ne faut-il pas étendre les dispositions de cet

art. 222, et ne doit-on pas permettre à la femme de se faire autoriser par la justice, même dans le cas où son mari, sans être absent proprement dit, se trouve simplement non présent. Marcadé a soutenu la négative, disant que la femme devait alors ou se faire autoriser par lettre, ou bien attendre le retour du mari. Mais il ne nous paraît pas possible d'accepter une opinion aussi absolue. Sans doute en principe la justice dans ce cas fera bien, par déférence pour le mari lui-même, de refuser son autorisation, toutes les fois que l'intérêt de la femme ne lui paraîtra pas assez pressant pour qu'on ne puisse pas attendre le retour du mari ou sa réponse à la demande d'autorisation. Mais si l'éloignement du mari met au contraire obstacle à ce qu'on puisse attendre sa réponse ou son retour sans compromettre les intérêts de la femme, nous ne pensons pas qu'on puisse refuser à la justice le droit d'autoriser. C'est, du reste, ce qui résulte de la façon la plus éclatante des travaux préparatoires, car M. Tronchet faisait remarquer que le mot absent de l'art. 222, bien qu'il ne doive pas être pris en principe dans le sens de non présent, ne s'oppose cependant pas absolument à cette solution. D'ailleurs, ajoutait-il, « le tribunal n'autorise qu'en connaissance de cause, raison qui permet de donner plus de latitude à la disposition. » (Locré, lég. civ. T. IV, p. 400.)

Minorité du mari. L'autorisation maritale ne peut pas être donnée par un mari qui est encore mineur. (Art. 224.) Il n'en n'était pas de même dans l'ancien droit où le mari, quoique mineur, pouvait cependant autoriser sa femme. Cette différence est facile à expliquer et nous en connaissons déjà le motif, car nous avons vu que dans l'ancien droit le principe de l'autorisation maritale avait sa base dans l'intérêt seul de la puissance maritale. Or, le mari, quoique mineur, était considéré comme ayant autant de droit que s'il était majeur, au respect et à la déférence de sa femme.

Il n'en n'est plus de même aujourd'hui, et l'art. 224 est précisément un argument en faveur de l'opinion qui soutient que sous l'empire du code le principe de l'autorisation maritale n'a plus seulement sa base, comme autrefois, dans la puissance maritale, mais qu'il est encore fondé sur la surveillance et la protection que le mari doit aux intérêts matrimoniaux. Or, ces intérêts sont trop graves, pour que l'autorisation maritale qui en est la sauvegarde, puisse être confiée au mari lorsqu'il est encore mineur. Et, en effet, disait M. de Portalis dans son exposé des motifs : — Comment le mari pourrait-il autoriser lui-même puis que dans ce cas il a lui-même besoin d'être autorisé.

Cette raison que M. de Portalis invoquait ainsi comme le fondement de l'incapacité du mari mineur en matière d'autorisation maritale, nous conduit naturellement à reconnaître que le mari, quoique mineur, peut valablement autoriser sa femme pour

tous les actes qu'il peut faire seul et sans l'assistance
de son curateur. Mais cette conséquence ne peut pas
avoir d'importance pratique, car elle ne conduit à
rien, où du moins à presque rien. Et, en effet, les
actes que le mari mineur peut, en tant que mineur
émancipé faire seul et sans l'assistance de son curateur, sont précisément des actes d'administration.
Or, de deux choses l'une; ou le régime sous lequel
les époux sont mariés, réserve entre les mains du
mari l'administration des biens propres de sa femme
et alors le mari y pourvoira lui-même; ou bien, au
contraire, cette administration est laissée entre les
mains de la femme, et dans ce cas il ne peut pas être
question d'autorisation que le mari donnerait à sa
femme, puis qu'elle est précisément dispensée d'autorisation touchant les actes d'administration. Art.
1449, 1531, 1536, 1539, al. 3 et 1576.

Interdiction du mari : L'interdiction du mari
devait naturellement le priver du droit d'autoriser
sa femme, l'art. 222 contient du reste à cet égard
des dispositions formelles; la justice autorisera. Ce
principe conduit à des conséquences bizarres au
premier abord et qui se présentent lorsque c'est la
femme elle-même qui, conformément à l'art. 507,
est nommée tutrice de son mari interdit. Dans ce
cas, en effet, elle est appelée à jouer un double rôle :
celui de femme mariée et celui de tutrice. Comme
tutrice, elle peut faire sans aucune autorisation tout
acte permis au tuteur et cela non-seulement quant

aux biens personnels du mari et aux biens de la communauté, mais encore quant à ses biens personnels relativement à l'administration et à la jouissance, si cette administration et cette jouissance sont restées entre les mains du mari. Dans cette première hypothèse la femme n'a pas besoin de l'autorisation de la justice proprement dite et si la justice intervient ce sera seulement pour donner son autorisation conformément aux règles de la tutelle des mineurs et des interdits.

Mais nous venons de le voir, la femme n'est pas seulement tutrice, elle est encore femme mariée et toutes les fois qu'elle voudra agir comme telle, elle devra s'adresser à la justice, pour se faire donner l'autorisation maritale proprement dite.

Remarquons que le mari peut avoir donné son autorisation à une époque ou son interdiction n'était pas encore prononcée, mais où ses facultés mentales n'en étaient pas moins affaiblies ; que va-t-il arriver ? Dans ce cas, comme l'autorisation maritale n'est en définitive qu'un consentement dont la manifestation ne se trouve exceptée par aucun texte de loi des règles du droit commun, on pourra l'attaquer du vivant même du mari en prouvant qu'il était au moment même ou il l'a donnée, privé de ses facultés intellectuelles. L'art. 504 du Code civil ne recevra donc d'application que si l'autorisation est attaquée pour cause de démence, postérieurement à la mort du mari dont l'interdiction n'a été ni prononcée ni provoquée ; dans ce cas, en effet, la preuve de la démence devra résulter de l'autorisation même. Du reste, comme le dit M. Demolombe, il serait fort utile de ne faire subir les conséquences de cette nullité qu'aux tiers qui en traitant avec la femme connaissaient l'état de démence du mari.

Le mari, sans être interdit, se trouve dans un établissement d'aliénés. Lorsque le mari, conformément aux dispositions de la loi du 30 juin 1838, se trouve placé dans une maison d'aliénés, il est sage et prudent de remplacer son autorisation par celle de la justice. Du reste, à la différence de l'interdiction prononcée, le fait de se trouver placé dans une maison d'aliénés ne rend point le mari absolument incapable d'exercer son droit de puissance maritale et par conséquent d'autoriser sa femme. Il n'y a point contre lui par la même présomption d'incapacité ; son autorisation ne pourra donc être attaquée qu'en prouvant qu'il l'a donnée dans un moment de démence. Arg. de l'art. 39 de la loi de 1838.

Condamnation du mari à une peine afflictive et infamante : Dans ce cas, la justice doit autoriser la femme : art. 221, car la condamnation qui vient à frapper le mari le rend indigne d'exercer désormais la puissance maritale et le met même la plupart du temps dans l'impossibilité de donner son autorisation.

Mais que décider relativement à la dégradation

civique ; c'est bien une peine infamante, art. 8 du Code pénal, et l'art. 221 conçu dans des termes généraux ne porte aucune exception à son égard. Devons nous dire qu'elle entraîne à elle seule déchéance du mari de la puissance maritale? La négative est généralement soutenue et elle paraît bien résulter en effet de la nature même de la dégradation civique et de la combinaison des art. 221 du Code Napoléon et 34 du Code pénal. Et en effet l'art. 34 du Code pénal, énumérant les différentes incapacités résultant de la dégradation civique, ne mentionne pas au nombre de ces déchéances l'incapacité pour le mari d'exercer la puissance maritale. De plus, si l'on admettait que la déchéance du droit d'autorisation dut nécessairement résulter de la dégradation civique, il faudrait reconnaître que cette déchéance sera presque toujours perpétuelle, car le cas de réhabilitation est extrêmement rare, ce qui serait évidemment contraire aux termes mêmes de l'art. 221 qui ne parle que de cette déchéance pendant la durée de la peine. Cette argumentation conduit donc à reconnaître que pour donner un sens aux derniers mots de l'art. 221, il faut absolument admettre, que la dégradation civique n'entraîne par elle même et à elle seule déchéance du droit, pour le mari d'autoriser sa femme.

L'art. 221 soulève une autre difficulté, voici à quelle occasion. Aux termes de l'art. 476 du Code

d'instruction criminelle, le fait seul de la représen
tation du coutumax anéantit l'arrêt de condamnation. On ne peut donc pas dire que jusque là le coutumax ait subi une peine. Or l'art. 221 déclare
formellement que le mari ne peut autoriser sa
femme, etc., pendant la durée de la peine..... encore que la condamnation n'ait été prononcée que
par coutumace. Comment donc concilier ces ex-
pressions de l'art. 221 avec ce que nous venons de
dire au sujet de l'art. 476. C. ins. cri? On les concilie cependant en considérant comme durée de la
peine, la durée de la coutumace elle-même, et par
conséquent en considérant le mari coutumax
comme incapable d'autoriser sa femme pendant
tout le temps qu'il met à prescrire sa peine. (art.
635. C. inst. crim.)

Le mari est pourvu d'un conseil judiciaire :
Dans ce cas peut-il valablement autoriser sa femme?
Oui, s'il s'agit d'un acte pour lequel il n'a pas besoin lui même de l'assistance de son conseil, non si
cette assistance lui est indispensable. Dans ce cas,
c'est la justice qui devra donner l'autorisation. Il est
vrai que la loi ne le dit pas expressément, mais
est-ce qu'il n'est point tout-à-fait conforme à son
esprit d'en agir ainsi et n'est-ce point ici le cas de
rappeler ces paroles de M. de Portalis que nous
avons eu déjà l'occasion de citer : comment le mari
pourrait-il autoriser les autres, quand il a lui-même
besoin d'autorisation.

Nous ne saurions du reste nous ranger au sentiment de certains auteurs, confirmé d'ailleurs par
un arrêt de la cour de Paris en date du 27 août 1833,
qui soutiennent que dans ce cas ce ne sera point la
justice qui sera appelée à donner l'autorisation mais
bien le mari avec l'assistance de son conseil. Et en
effet, est-ce que le mari mineur est appelé à donner
l'autorisation avec l'assistance de son curateur ?
Est-ce que c'est le tuteur du mari interdit qui autorise à sa place ? Or n'est-il pas évident par la même
que l'esprit de la loi est de ne permettre à personne,
autre que le mari et la justice, de s'ingérer dans les
affaires de la femme ? Il est vrai sans doute, que
l'art. 222 ne prononce pas contre le mari, pourvu
d'un conseil judiciaire, l'incapacité qu'elle établit
contre l'interdit ; mais est-ce que c'est là la seule
occasion où l'on doive les assimiler l'un à l'autre ;
et par exemple n'est-il pas reconnu par tout le
monde que l'individu pourvu d'un conseil judiciaire
doit par analogie de ce que la loi déclare formellement au sujet de l'interdit art. 442, être déclaré incapable d'exercer les fonctions de tuteur ou de mem-
bre d'un conseil de famille.

Et maintenant que nous avons vu quels obstacles
les diverses situations légales que nous venons
d'examiner pourraient apporter à l'exercice de la
puissance maritale, recherchons qu'elles peuvent
être au même point de vue les conséquences de ce
que la femme se trouve elle même, soit mineure,
soit interdite, ou pourvue d'un conseil judiciaire.

La femme est mineure : mais son mari est majeur. Dans ce cas, la femme, en tant que mineure émancipée par le mariage, a de droit son mari pour curateur. arg. des art. 506, et 2208. Donc l'autorisation de son mari suffira pour tous les actes qu'un mineur peut faire avec l'assistance de son curateur. Pour tous autres actes, il faudra à la femme comme à tout mineur émancipé, non-seulement l'autorisation de son mari qui est, nous l'avons vu, son curateur mais encore l'autorisation du conseil de famille et l'homologation du tribunal art. 383 et 384.

Mais, supposons que les deux époux soient mineurs, dans ce cas le tribunal désignera à la femme un tuteur *ad hoc* pour chaque affaire particulière (arg. de l'art. 2208 al. 3), l'état d'une femme en puissance ne comportant pas l'établissement d'une curatelle générale et permanente.

La femme est interdite. Dans ce cas, il ne peut plus être question d'autorisation maritale puisque la femme devient incapable de faire aucune espèce d'actes. Or, il arrivera le plus souvent que le mari lui-même sera le tuteur de sa femme (art. 507), et alors il la représentera dans tous les actes de la vie civile comme un tuteur représente son pupille. Mais si au contraire le mari ayant été excusé, exclu ou destitué de la tutelle, la femme se trouve avoir un tuteur étranger, ce tuteur n'aura qu'à se conformer aux règles de la tutelle des interdits, sans avoir par conséquent besoin de recourir à l'autorisation maritale.

La femme est pourvue d'un conseil judiciaire.
Dans ce cas, la nomination du conseil ne porte aucune
atteinte à l'autorité maritale et la laisse subsister
dans toute sa force pendant le mariage. C'est ainsi
que s'exprime la cour de Montpellier dans le considérant d'un arrêt du 14 décembre 1841. Le mari
interviendra donc concurremment avec le conseil,
l'un pour donner l'autorisation judiciaire, l'autre
pour fournir son assistance.

§ II.

Des cas dans lesquels l'autorisation de la jus-
tice ne peut pas suppléer celle du mari.

Il est des cas dans lesquels l'autorisation du mari
est indispensable et ne saurait être remplacée par
celle de la justice. Il en est ainsi : 1° Lorsque sous le
régime dotal la femme veut aliéner ses biens dotaux
pour l'établissement des enfants communs (art.
1556.) Dans ce cas, en effet, le mari seul peut autoriser sa femme. Il en serait autrement cependant s'il
s'agissait pour la femme de doter non plus les enfants communs, mais ceux qu'elle aurait eu d'un
précédent mariage. (Art. 1555). Cette exception
apportée par l'art. 1556 au principe général de
l'art. 219, doit être interprétée restrictivement.

Nous ne l'étendrons donc pas à tout autre régime, et même sous le régime dotal aux biens paraphernaux; la justice pourra donc alors autoriser la femme si le mari lui-même refuse son autorisation.

2° Lorsque la femme mariée sous tout autre régime que le régime de séparation de biens, veut accepter la charge d'exécutrice testamentaire (art. 1029.) Ceci tient à la nature toute particulière du mandat qui est conféré à l'exécuteur testamentaire. Et, en effet, c'est le défunt qui l'impose à ses héritiers ; son intervention dans leurs affaires est une intervention forcée et ceux-ci ne peuvent faire révoquer son mandat que pour des motifs graves. Cette situation commandait nécessairement à la loi des précautions qui devaient assurer aux héritiers une garantie réelle et efficace sur les biens de l'exécuteur. Or, la loi n'a pas considéré la femme comme leur présentant une garantie suffisante, lorsqu'elle ne pouvait leur offrir que la nue-propriété de ses biens, car l'on n'admet pas que l'autorisation de la justice puisse porter atteinte à la jouissance qui appartiendrait au mari en vertu du contrat de mariage.

Du reste, comme les raisons que nous venons de donner à la disposition de l'art. 1029 ne peuvent trouver leur application que dans les régimes où la jouissance des biens de la femme appartient au mari, nous devons immédiatement ajouter que, la justice pourra valablement, au refus du mari, auto-

riser la femme à accepter la charge d'exécutrice
testamentaire toutes les fois qu'elle aura conservé
entre ses mains la jouissance de ses biens propres.
Or, c'est précisément ce qui arrive sous le régime
de séparation de biens, ou même sous le régime
dotal s'il y a des biens paraphernaux et relativement
à ces biens, ou encore sous tout autre régime si
une clause spéciale insérée au contrat de mariage
réserve à la femme la jouissance de tout ou partie de
ses biens propres.

3° La femme ne saurait compromettre sans l'autorisation de son mari, et l'autorisation de la justice
ne saurait la remplacer. Et, en effet, aux termes de
l'art. 1004 du code de procédure, on ne peut compromettre sur aucune cause qui serait sujette à communication au ministère public. Or, les causes des
femmes non autorisées de leurs maris sont précisément de cette nature. Art. 83, cod. de proc.

4° Une quatrième exception se présente lorsqu'il
s'agit pour la femme de faire le commerce. Telle est
du moins l'opinion que nous pensons devoir admettre sur cette question de tout temps fort controversée, et cela sans distinction. La justice ne peut
donc jamais autoriser la femme à faire le commerce,
ni en cas de refus, ni en cas d'absence ou d'incapacité du mari, ni sous le régime de communauté, ni
lorsqu'il y a séparation de biens entre époux ou
même séparation de corps, et aucune de ces distinctions ne nous paraît acceptable, parce qu'aucune

n'est suffisamment fondée en droit, si raisonnable qu'elle soit d'ailleurs, et si conforme qu'elle puisse paraître aux intérêts bien entendus de la femme et de l'association conjugale.

La seule théorie soutenable à l'encontre de celle que nous admettons, et en présence de laquelle, il faut l'avouer, nous avons longtemps hésité, est une théorie radicale qui consisterait à admettre dans tous les cas la possibilité d'une autorisation de justice pour autoriser la femme à faire le commerce. On ne peut, en effet, dissimuler ce qu'il y a de force dans ce seul argument, qu'après tout on ne trouve dans la loi aucun texte qui prononce formellement une dérogation au droit commun dans la matière qui nous occupe ; que les rédacteurs du code, il faut bien l'avouer, ont employé le plus souvent les mots : autorisation et consentement, sans y attacher aucune signification particulière ayant une importance pratique, et que, dans ces conditions, c'est chose bien grave que de mettre une barrière entre la femme et la justice à laquelle elle prétend recourir. Quoi qu'il en soit, nous avions d'autres raisons pour prendre un parti différent.

Et, en effet, les termes de l'art. 220 du code Napoléon, et ceux de l'art. 4 du code de commerce doivent être pris en considération, quoi qu'on puisse alléguer sur l'indifférence avec laquelle ils auraient été employés. De plus, les dispositions qui admettent l'autorisation de la justice comme pouvant sup-

pléer celle du mari (art. 218, 219, 221, 222, 224 du
du code Nap., 861 du code de procéd.) ne font pas
la moindre allusion au cas où la femme veut faire le
commerce. Il ne fut rien dit de l'autorisation de la
justice dans la discussion de l'art. 4 du code de commerce, et ce silence paraît bien prouver que dans
l'intention de ses rédacteurs, le commerce de la
femme doit toujours être autorisé par le mari.

Enfin, il y aurait des inconvénients tellement
graves à permettre que la justice intervint ici à la
place du mari, que ce dernier argument seul, suffi-
rait pour faire reculer devant tout système qui admettrait une telle intervention. Comment ! la femme
pourrait tenir boutique ouverte, exposer sa fortune
et affronter la faillite et la banqueroute même, et
cela sans l'aveu et même contre le gré de son mari !
Evidemment non, car il y aurait là, comme le disait
parfaitement M. Demante, une capacité tellement
grande, qu'elle soustrairait sous certains rapports la
femme à la puissance maritale. On a beau dire que
la justice n'autorisera jamais qu'à bon essient ; nous
répondrons qu'il y a en cette matière mille circonstances qui sont bonnes à justifier le refus du mari et
que la justice pourrait ne connaître qu'imparfaite-
ment ; qu'il y a mille susceptibilités fort légitimes
dont elle pourra ne pas être touchée ; enfin, que
séduite peut être par des chiffres, elle sera trop
facilement portée à faire au nom du mari le sacrifice
d'une partie de cette puissance que la loi a établie

pour être la sauvegarde des intérêts moraux et pé-
cuniaires de la famille.

La justice ne pouvant pas autoriser la femme à
faire le commerce ne pourra pas non plus l'autoriser
à le continuer, si le mari vient à révoquer le consentement qu'il avait donné à cet effet. Et il n'y a
aucun argument à tirer d'une rédaction proposée au
conseil d'Etat par M. Regnault, d'après laquelle la
femme pouvait réclamer devant les tribunaux, contre le retrait par son mari de l'autorisation de faire
le commerce ; car si bien accueillie qu'ait été cette
disposition, elle ne se trouve pas cependant dans la
loi et on ne peut l'y suppléer.

Du reste nous verrons que la révocation que fait
le mari d'une autorisation qu'il a donnée ne saurait être intempestive. Donc dans l'hypothèse qui
nous occupe si la révocation devait nuire à la femme,
nous pensons que la justice pourrait intervenir et
l'autoriser à continuer son commerce pour terminer
les opérations commencées, et attendre l'époque
favorable à sa cessation. Car il n'y aurait là vraiment
qu'une interprétation de la volonté primitive du
mari.

§ III

De la compétence du tribunal qui doit accorder
l'autorisation, et de la procédure qu'il
faut suivre pour l'obtenir.

Le tribunal appelé à autoriser la femme varie suivant les circonstances. S'agit-il pour la femme de se faire habiliter à passer un contrat, où à plaider comme demanderesse, le tribunal compétent en pareil cas est celui du domicile commun des époux, art. 219, c'est-à-dire du domicile du mari, puisque c'est aussi le domicile de la femme art. 108. Il est vrai que l'art. 219 en désignant ainsi comme compétent le tribunal du domicile commun des époux, ne se réfère expressément qu'au cas où la femme demande l'autorisation de passer un acte de contracter. Mais on est généralement d'accord pour étendre ce principe au cas où il s'agit pour la femme de plaider comme demanderesse, quoique l'art. 218 ne soit pas explicite sur ce point comme l'est l'art. 219 relativement aux contrats, et que l'art. 861 du Code de procédure, soit muet. Et en effet, cette solution n'est elle pas parfaitement raisonnable et conforme à l'esprit de la loi? Devant quel autre tribunal porter cette demande en autorisation, devant celui ou doit être porté l'instance que la femme veut introduire ? mais ce tribunal peut être éloigné. Tenons donc pour certain que dans ces deux premiers cas le tribunal véritablement compétent, sera bien celui du domicile commun des époux.

Mais que décider si les époux sont séparés de corps ? Ils n'ont plus alors de domicile commun, du moins dans l'opinion généralement reçue. Or s'ils n'ont plus de domicile commun, il ne peut plus être question d'appliquer l'art. 219. Quel sera donc le tribunal compétent, à supposer bien entendu, que les deux époux ne soient point domiciliés dans le même arrondissement.

Pas de difficulté s'il s'agit pour la justice d'autoriser la femme sans que le mari soit entendu : art. 221, 222, et 224 : On s'accorde généralement en effet pour déclarer que dans cette première hypothèse, le tribunal compétent, sera bien réellement celui du domicile de la femme.

Mais ne faut-il pas donner la même solution, au cas même où le mari doit être au préalable consulté. (art. 219, C. N. et 862, Cod. proc) ? C'est l'opinion de M. Valette, et cela paraît bien raisonnable, puisqu'après tout, comme le dit le savant professeur, le fonds de l'affaire n'est point un procès entre les époux, mais un acte de juridiction volontaire et gracieuse, sollicité par la femme et pour laquelle le mari n'est appelé qu'incidemment afin de fournir des explications. Paris 28 mai 1864.

Lorsque la femme, au lieu d'être comme nous venons de le voir, demanderesse en première instance, veut interjeter appel devant la Cour impériale, c'est à la cour même, que l'autorisation doit être demandée. Et en effet, de deux choses l'une, ou le jugement dont la femme veut appeler émane du tribunal du domicile commun, ou bien au contraire il émane de tout autre tribunal. Or, dans le premier cas, il serait vraiment inconvenant de demander à des juges l'autorisation de faire réformer leur propre sentence, et dans le second il parait bien contraire à l'ordre des juridictions de confier à une juridiction égale, le controle du jugement dont la femme veut appeler. En ce sens, req. rejet. 2 août 1853. En sens contraire, Lyon, 7 janvier 1848. Bordeaux, 4 avril 1849. id. 3 mars 1851 et 24 mai 1851 :

Enfin, les mêmes raisons doivent nous faire décider que lorsque la femme veut se pourvoir en cassation, c'est la cour de cassation seule qui est compétente pour l'autoriser à former son pourvoi. Voir cependant en sens contraire, Civ. rej. 27 mai 1846 :

Reste maintenant le cas ou la femme est défenderesse au procès. Cette hypothèse n'est point prévue par la loi, mais comme l'autorisation ne fait pas l'objet d'un débat particulier et préalable, il faut en conclure que la femme doit être autorisée par la juridiction même devant laquelle elle est appelée à se défendre. Il n'y a là en effet, qu'un incident, une sorte de formalité accessoire. L'autorisation d'ester

en jugement sera donc donnée à la femme, suivant
les circonstances, soit par le tribunal de première
instance, soit par la Cour impériale, soit par la cour
de cassation ou même par un juge de paix. Civil.
cas. 17 août 1813.

Et maintenant, arrivons aux formalités mêmes de
la procédure en autorisation et passons-les rapidement en revue. Ces formalités sont contenues dans
un titre fort court au Code de procédure qui comprend les art. 861 à 864 :

Et d'abord remarquons qu'en matière d'autorisation maritale, la procédure est tout-à-fait exceptionnelle. Et, en effet, tout se passe publiquement et à
l'audience en droit commun; ici au contraire, tout
va se passer dans la chambre du conseil. On comprend en effet, que dans un débat si intime entre
les époux, la publicité des audiences pourrait présenter de graves inconvénients, car elle permettrait
au public de jeter un regard indiscret sur leurs affaires domestiques et de prendre connaissance de leur
fortune.

Ces considérations qui nous paraissent être le
véritable motif de l'exception introduite par la loi
en cette matière, vont précisément nous servir de
base pour prendre parti, touchant l'étendue même
de cette exception au sujet de laquelle on est bien
loin de s'entendre.

Certains auteurs admettent bien en effet que l'audition des parties doit avoir lieu dans la chambre

17

du conseil, mais d'après eux tout le reste : rapport du juge, plaidoiries des avocats, conclusions du ministère public, jugement devrait avoir lieu à l'audience. Et en effet, disent-ils, les art. 187, 112, 116 du Code de procédure et 7 de la loi du 29 avril 1810 sont le droit commun, or l'art. 861 n'y fait exception que pour l'audition du mari; on doit donc revenir au principe général de la publicité des audiences pour tout le reste.

Cette opinion ne nous parait pas admissible et les considérations que nous avons invoquées la repoussent. Il est vrai qu'en droit commun, les plaidoiries des avocats, les conclusions du ministère public, le jugement, tout cela doit se passer en public; mais nous soutenons précisément que les art. 861 et suivants apportent une dérogation à ce droit commun, dérogation qui du reste parait bien avoir été pleinement confirmée par les déclarations mêmes des orateurs du gouvernement dans la discussion du Code de procédure. Ecoutons en effet M. Berlier: Cette procédure, disait-il, sera non-seulement sommaire mais encore exempte d'une publicité que la qualité des parties et la nature des débats rendraient toujours facheuse; ce sera en la chambre du Conseil que le mari sera cité, que les parties seront entendues, et que le jugement sera rendu sur les conclusions du ministère public. Tel nous parait bien être le véritable esprit de la loi dont nous devons nécessairement conclure, que tout se passera en la chambre du conseil.

En matière d'autorisation maritale, le ministère des avoués est facultatif. Mais il n'en faut pas cependant conclure qu'il soit absolument défendu aux époux de se présenter dans la chambre du Conseil assistés d'un avoué ou d'un avocat, et l'art. 862 en déclarant que (le mari sera entendu) ne nous parait nullement justifier une semblable dérogation au droit commun. La présence d'un avoué ou d'un avocat sera même souvent fort utile aux époux, le plus souvent incapables eux-mêmes d'expliquer et de faire valoir les motifs qui peuvent faire accorder ou refuser l'autorisation.

Remarquons enfin que la procédure exceptionnelle requise en première instance doit être également suivie en appel. Les motifs sont les mêmes, et d'après l'art. 470 du Code de procédure, les règles établies pour les tribunaux inférieurs doivent être observées devant les Cours impériales à moins qu'un texte de loi n'y ait formellement dérogé, ce qui n'existe point ici. Caj. 21 janvier 1846. Les différents actes de la procédure d'autorisation maritale, depuis la sommation jusqu'au jugement, se trouvent indiqués, nous l'avons dit, dans les art. 861 et suivants, inutile donc de les énumérer ici; contentons nous d'examiner quelques-unes des questions controversées, qui peuvent s'élever à l'occasion de cette procédure.

Et tout d'abord, faut-il suivre le même mode de procéder dans tous les cas, quel que soit le but de

l'autorisation que poursuit la femme, soit pour ester
en jugement, soit pour contracter. La raison de douter nait à cet égard de la combinaison des art. 219
du Code civil et 861 du Code de procédure. L'art.
219 s'occupe en effet des formes de procéder pour
arriver à l'autorisation de la justice, lorsque cette
autorisation a pour but d'habiliter la femme a passer
un acte, à contracter. Quant à l'autorisation pour
ester en jugement, elle n'est point réglementée au
Code civil, art. 218. Il est vrai que cette lacune a été
comblée au Code de procédure qui introduit tout un
mode nouveau de procéder; mais précisément l'art.
861 du Code de pro. ne parait s'appliquer qu'au cas
où la femme demande l'autorisation d'ester en jugement, puisqu'il ne parle que du cas ou la femme
veut poursuivre ses droits, sans parler de l'hypothèse
où la femme demande à contracter, ce dernier cas
reste donc réglementé par l'art. 219 du Code civil.

Ce système qui aurait pour conséquence de permettre à la femme qui demande l'autorisation de
contracter, de citer directement son mari sans sommation, requête, ni ordonnance préalable, n'a point
prévalu, la distinction qu'il propose a sa base dans
une argumentation trop subtile, et l'on ne peut
trouver aucune bonne raison pour établir une différence entre le cas où la femme veut obtenir l'autorisation de contracter et celui au contraire où elle
veut ester en justice. Tenons donc pour certain que
le système général introduit par l'art. 861 est éga-

lement applicable aux deux cas dont il s'agit, et que les dispositions sur ce point de l'art. 219 du Code civil se trouvent par la même abrogées.

Supposons maintenant que le mari soit mineur, faudra-t-il que la femme lui fasse une sommation et qu'il soit appelé en la chambre du Conseil, à peine de la nullité de la procédure ? nous ne le pensons pas. Remarquons en effet que dans ce cas, le mari ne peut ni accorder, ni refuser son autorisation. Sans doute, il peut être utile de l'appeler, car quoique mineur il peut se trouver parfaitement en état de faire connaître les motifs qui peuvent faire accorder ou refuser l'autorisation, mais la citation du mari n'étant qu'une conséquence de son refus d'obtempérer à l'autorisation qui lui est demandée, nous ne pensons pas qu'on puisse déclarer la procédure irrégulière s'il n'a pas été appelé.

Ajoutons immédiatement que la même solution devrait être donnée, du moins en ce qui concerne la comparution en la Chambre du conseil, dans le cas où le mari se trouve pourvu d'un conseil judiciaire. Le tribunal pourra donc l'entendre, s'il le juge à propos, mais il n'y est point forcé. Il suffira donc que la femme joigne à sa requête le jugement de nomination du conseil, comme elle doit y joindre le jugement d'interdiction, aux termes de l'art. 86 du Code de pro.

Quant à la sommation, elle sera seulement exigée, si la femme veut se faire habiliter pour l'un des actes que le mari peut faire sans l'assistance de son curateur.

Enfin, il est bien entendu qu'il ne peut y avoir lieu ni à sommation, ni à comparution, lorsque le mari est interdit ou condamné à une peine afflictive ou infamante. Art. 864, C. P. et 221. C. Nap.

Remarquons que les règles établies au Code de procédure ne doivent s'appliquer que dans le cas ou la femme est demanderesse en autorisation; si au contraire elle est défenderesse, c'est au tiers demandeur qu'il appartient d'assigner le mari lui-même, afin de le mettre en demeure d'autoriser sa femme et si ce dernier refuse ou fait défaut, le tribunal accorde alors l'autorisation sur les conclusions du demandeur.

§ IV.

Des conditions requises pour la validité de l'autorisation de la justice et moment où elle doit être donnée.

Nous avons vu que l'autorisation du mari pouvait être expresse ou tacite, qu'elle devait être spéciale, qu'il ne pouvait la donner après coup, mais qu'il pouvait la refuser ou ne l'accorder que sous certaines conditions. Examinons maintenant si ces dif-

férentes conditions doivent s'appliquer à l'autorisation qui émane de la justice.

Et d'abord, doit-elle être nécessairement expresse?
On ne saurait évidemment le contester lorsqu'elle a
pour but d'habiliter la femme à passer un acte ou à
plaider comme demanderesse. Mais quelques auteurs
soutiennent qu'elle peut être tacite lorsqu'il s'agit
pour la femme d'ester en jugement comme défenderesse, en un mot qu'elle peut parfaitement résulter dans ce cas de ce que l'instruction de l'affaire
s'est poursuivie et achevée sous les yeux du tribunal
et qu'il a vidé le différent existant entre la femme et
son adversaire, sans cependant la relever d'une
manière expresse de son incapacité. Cette opinion
ne nous parait point conforme à l'esprit de la loi qui
parait bien exiger que la justice se soit spécialement occupé du point dont il s'agit.

Quant à la question de savoir si l'autorisation de
la justice doit être spéciale comme celle du mari,
elle ne saurait nous arrêter, car l'affirmative ne peut
soulever aucun doute. Elle devra donc être donnée
pour chaque acte et chaque procès, en connaissance
de cause. (Art. 222.) En un mot, il faudra appliquer
ici toutes les règles que nous avons indiquées touchant la spécialité de l'autorisation maritale dans le
chapitre précédent.

De même, l'autorisation de la justice, comme
celle du mari, peut être antérieure ou concomittante
à l'acte qu'elle autorise, mais elle ne saurait lui être

postérieure. Il est vrai que l'opinion contraire peut être soutenue par des arguments qui paraissent bien avoir au premier abord une grande valeur, mais il nous est impossible de l'admettre. Et, en effet, dire que la justice peut habiliter la femme à consentir la ratification de manière à enlever désormais toute action en nullité, n'est ce point se mettre ouvertement en contradiction avec ce principe général de l'art. 1338 : que la ratification ne peut pas avoir lieu au préjudice des tiers, car il est bien évident que le mari, quant à l'action en nullité qui lui appartient, est bien un tiers. De plus, ne serait-ce pas porter une grave atteinte à la puissance maritale et encourager l'insubordination et l'indiscipline, que de permettre ainsi à la femme de faire à l'insu et contre le gré de son mari des actes que la justice validerait après coup.

Enfin, la justice ne devant, comme le mari lui-même, accorder son autorisation qu'en connaissance de cause, nous devons en conclure qu'elle peut l'accorder ou la refuser, ou enfin ne l'accorder que sous certaines conditions.

Du reste, la femme peut évidemment, conformément au droit commun, faire appel, devant la cour du jugement du tribunal qui lui refuse l'autorisation qu'elle demande, ou qui ne l'accorde que sous certaines conditions ; de même que le mari peut également appeler de son côté, s'il pense que c'est à tort que le tribunal a autorisé la femme.

§ V.

*Du cas où la femme s'oblige envers un tiers
dans l'intérêt de son mari, et de celui où elle
contracte directement avec son mari lui-
même.*

Nous avons vu que l'incapacité de la femme consistait uniquement dans la nécessité d'obtenir dans
certains cas une autorisation. Que la loi conférait en
première ligne au mari le droit d'accorder cette autorisation, et que ce n'était qu'au refus du mari
lui-même ou lorsqu'il se trouvait dans l'impossibilité d'autoriser sa femme, que la justice se trouvait appelée à donner son autorisation. Ces trois
propositions qui nous paraissent fondamentales,
doivent nécessairement nous conduire à admettre
les deux points suivants : 1° La femme autorisée de
son mari pourra valablement s'obliger envers un
tiers dans l'intérêt de son mari lui-même. 2° Elle
pourra contracter directement avec son mari.

Le premier de ces deux points n'est plus contesté,
et l'on s'accorde aujourd'hui pour reconnaitre que
dans ce cas l'autorisation du mari sera pleinement
suffisante, sans qu'il soit besoin d'avoir recours à
l'autorisation de la justice. Le contraire avait été cependant soutenu dans les premiers temps qui suivi-

rent la promulgation du Code civil, mais cette opinion est aujourd'hui abandonnée, car l'on reconnaît que la règle : *nemo potest esse auctor in rem suam,* n'a rien à faire ici, puisque le contrat ne profite qu'indirectement au mari, et que l'argument que l'opinion contraire voulait tirer de l'art. 1427 du Code civil doit être abandonné, car cet article n'est réellement applicable qu'aux deux cas spéciaux prévus par l'article précédent. Donc, on admet que la femme peut très-bien s'obliger envers un tiers, alors même que le mari serait personnellement intéressé à ce qu'elle contractât cette obligation. Aucune disposition de notre Droit ne rappelle donc aujourd'hui le Senatus-consulte-Velléien et surtout la Novelle, 134, chap. VIII, qui rendait inefficace l'obligation de la femme pour son mari.

Mais on soutient encore aujourd'hui que l'autorisation du mari ne suffit pas pour rendre la femme capable de contracter directement avec lui. Cette distinction entre ce cas et le précédent doit être évidemment repoussée, car elle est purement arbitraire, et les mêmes raisons que l'on donne pour démontrer que la femme peut valablement s'obliger envers un tiers, dans l'intérêt de son mari, prouvent évidemment qu'elle peut aussi contracter directement avec son mari lui-même. On ne saurait, en effet, pas plus dans un cas que dans l'autre, trouver une disposition qui laissât à désirer, après l'autorisation du mari, celle de la justice, et les arguments qu'on pourrait tirer des art. 1427 et 1558 ne sont nullement concluants. Il n'y a donc pas lieu d'apporter au principe général une dérogation que la loi ne laisse soupçonner nulle part quand elle parle des contrats à intervenir entre mari et femme, par exemple des donations entre vifs, art. 1087, ou la vente dans certains cas exceptionnels, 1395. Le législateur s'est chargé lui-même de prohiber entre époux les actes qu'il a trouvés dangereux, art. 1394, 1395, 1446, 1595 et 1707, ou tout au moins ne les a-t-il permis qu'à certaines conditions. Tenons donc pour certain que, pour ceux dont il ne s'est point occupé, la seule autorisation du mari sera suffisante. Et qu'on ne vienne pas invoquer la règle : *nemo potest esse auctor in rem suam*, puisque précisément il s'agit de savoir si cette maxime doit être appliquée ici, et tout ce que nous venons de dire prouve bien qu'elle ne saurait trouver d'application dans les rapports du mari avec la femme.

Du reste, il est bon de remarquer qu'il est un cas où le mari ne pourrait certainement pas autoriser sa femme à contracter avec lui : c'est celui où la femme, étant mineure, l'acte qu'il s'agit de passer est précisément l'un de ceux pour lesquels il faut au mineur émancipé l'assistance de son curateur. Mais ceci tient à d'autres principes qu'à celui de l'autorisation maritale, c'est que le mari, en tant que curateur de sa femme émancipée, ne saurait l'assister en cas pareil. Comme le dit M. Demolombe : « Ce n'est point le mari qui est incapable d'autoriser sa femme, c'est le curateur qui ne peut pas prêter son assistance à la mineure émancipée.

§ VI.

De la révocation de l'autorisation.

Le mari peut à son gré révoquer l'autorisation qu'il a donnée à sa femme, car cette autorisation ne l'oblige pas, c'est un simple acte d'autorité sur lequel il peut revenir. Du reste, de même que la femme peut s'adresser à la justice et lui demander une autorisation que le mari lui refuse, de même elle pourra faire annuler comme injuste la révocation que le mari ferait d'une autorisation qu'il aurait déjà donnée. Remarquons, enfin, que la révocation ne saurait être intempestive, Arg. des art. 1869 et 1870, et elle le serait effectivement si elle devait causer à la femme un préjudice quelconque. Les tribunaux auront donc à rechercher, en fait, si les intérêts de la femme n'ont pas à être sauvegardés, et s'il ne convient pas de lui accorder un délai afin qu'elle puisse terminer les opérations qu'elle aurait à bon droit commencées, ce qui se présentera surtout dans l'hypothèse où il s'agit de la révocation d'une autorisation donnée à la femme de faire le commerce.

La révocation ne saurait être rétroactive et ne peut opérer que sur l'avenir. Elle ne pourra donc produire, à proprement dire, de pleins effets, que si les choses sont encore entières, c'est-à-dire si la femme ne s'est point encore servie de l'autorisation qu'elle a pour but d'anéantir. Donc, si la femme s'est déjà servie de l'autorisation, si elle a fait quelques-uns des actes qu'elle lui permettait de faire, ces actes devront être maintenus, car les droits acquis aux tiers ne sauraient être violés : art. 1451. Bien plus, alors même que la femme a traité avec des tiers depuis le retrait de l'autorisation, les actes qu'elle a fait ainsi n'en demeureront pas moins inattaquables, si la bonne foi des tiers les protége, en un mot s'ils se retranchent derrière leur ignorance de la révocation.

Lorsque l'autorisation a été accordée, non plus par le mari, mais par la justice, le mari peut cependant la faire révoquer en s'adressant à la justice elle-même. Nous sommes cependant portés à admettre l'opinion de MM. Aubry et Rhau, qui soutiennent que le mari pourra, par un simple acte extra-judiciaire, révoquer lui-même l'autorisation donnée par la justice, lorsque cette autorisation a été accordée, non pas sur son refus, comme dans l'hypothèse présente, mais à raison de son absence ou de son incapacité qui depuis a cessée, dans ce cas, en effet, la justice n'a fait véritablement que le remplacer lui-même.

Mais que décider si l'autorisation a été donnée à la femme dans le contrat de mariage lui-même; dans ce cas le mari pourra-t-il la révoquer à son gré? Cette question doit être résolue par une distinction. Si l'autorisation donnée par contrat de mariage à la femme lui permet d'administrer tout ou partie de ses biens personnels, elle est irrévocable, car elle prend alors le caractère d'une convention matrimoniale, et les conventions matrimoniales doivent rester immuables pendant toute la durée du mariage. (Art. 1395.)

Mais s'il s'agit au contraire de toute autre autorisation, elle sera parfaitement révocable. Soutenir le contraire serait évidemment permettre aux époux de déroger aux droits qui dérivent de la puissance maritale, ce qui serait violer la prohibition de l'art. 1338. Du reste, la femme aura toujours le droit de s'adresser à la justice.

CHAPITRE VII.

De l'étendue de l'autorisation et de ses effets à l'égard de la femme.

SECTION PREMIÈRE.

De l'étendue de l'autorisation.

Nous avons vu que la spécialité était l'une des conditions essentielles à la validité de l'autorisation maritale. Ce principe étant une fois admis, il est évident que l'autorisation ne peut s'appliquer qu'à l'acte même pour lequel elle est donnée, sans qu'on puisse l'étendre à aucun autre. Et, en effet, dit Lebrun (de la com. II. ch. 1ᵉ, sect. IV, nº 9.) il y a en ces matières une chose essentielle, c'est que les termes de l'autorisation doivent être suivis à la lettre, sans qu'il soit jamais permis de les étendre d'un cas exprimé à un cas non exprimé, non pas même par identité de raison; ainsi l'autorisation étant pour emprunter, on ne doit pas permettre à la femme de vendre, et si l'autorisation est pour vendre, la femme ne pourra pas emprunter. Tel est le principe qui doit encore être appliqué aujourd'hui. Mais n'allons pas jusqu'à l'exagérer dans ses conséquences mêmes; oui, en principe, l'autorisation ne doit jamais être étendue d'un cas à un autre, mais il ne faut cependant pas la renfermer impitoyablement dans les termes même de l'acte ou du jugement qui la contient. Pour apprécier sainement son étendue, il faut évidemment tenir compte des circonstances qui l'accompagnent, et surtout de la nature même de l'opération sur laquelle elle porte et déclare sans hésiter par conséquent, qu'il faut suppléer à ses termes mêmes sur tous les points qui sont nécessairement compris dans le pouvoir qu'elle donne à la femme, en un mot qu'elle doit nécessairement comprendre les suites de l'affaire pour laquelle elle est accordée; car, en définitive, qui veut la fin veut les moyens.

Donc, si nous sommes obligés de dire avec Lebrun que l'autorisation de vendre n'emporte pas celle d'emprunter, et que celle d'emprunter n'emporte pas l'autorisation de vendre, nous sommes bien cependant forcés de reconnaître avec la cour de Poitiers, arrêt du 28 février 1834, que la femme autorisée par exemple à procéder au partage et à la liquidation d'une succession, se trouve par cela même habilitée à former des actions ayant pour objet la délivrance de sa part, ainsi qu'à défendre à des actions intentées contre elle pour s'opposer à cette délivrance.

De reste, comme l'application de ces principes ne peut réellement présenter de difficultés sérieuses que dans le cas où l'autorisation a pour but de permettre à la femme d'ester en jugement ou de faire le commerce, nous allons nous occuper spécialement de ces deux points dans les deux sections suivantes.

§ Ier

De l'autorisation d'ester en jugement; quelle doit être son étendue?

Nous n'avons pas naturellement l'intention d'examiner en détail les nombreuses questions qui peuvent s'élever au sujet de l'étendue d'une pareille autorisation; nous nous contenterons de toucher en quelques mots les principales difficultés de cette matière en indiquant sur chacune d'elles la solution qui nous paraît devoir être admise.

Et d'abord, l'autorisation de former une demande en justice emporte-t-elle celle de comparaître au bureau de conciliation ? L'affirmative n'est point douteuse, pourvu bien entendu que la femme ne se concilie pas, car la conciliation est une transaction et l'on ne peut véritablement pas la comprendre dans l'autorisation qui est donnée à la femme d'ester en jugement.

Que décider relativement aux aveux judiciaires, la femme autorisée à plaider? a-t-elle le droit de faire un aveu? cet aveu sera-t-il valable, pourra-t-il lui être opposé? Distinguons. Si l'aveu est provoqué par la justice, soit dans un interrogatoire sur faits et articles, soit dans la comparution des parties en personnes; nous sommes bien portés à admettre l'affirmative, car il faut bien reconnaître que la femme, lorsqu'elle est autorisée à plaider, se trouve par là même habilitée à répondre aux questions que la justice peut lui adresser. Mais s'il s'agit d'un aveu spontané, qui n'a pas été provoqué, dans ce cas, nous n'hésitons pas à adopter la négative et à déclarer qu'on ne pourra pas l'opposer à la femme à moins, bien entendu, qu'elle n'ait été autorisée à le faire.

Quant au serment, nous ferons aussi une distinction. S'agit-il du serment litis-décisoire : la femme ne pourra ni le prêter, ni le déférer, si elle n'a pas été spécialement autorisée à cet effet, et si elle n'a reçu qu'une autorisation pure et simple d'ester en jugement, de plaider; car prêter ou déférer un serment de cette nature, c'est véritablement dessaisir la justice du soin de prononcer sur la valeur de la cause, et offrir ou accepter un acquiescement conditionnel. Mais il n'en est pas de même du serment supplétif ou supplétoire destiné seulement à former l'opinion du juge, sans entraîner nécessairement une décision conforme; nous permettrons donc au

juge de le déférer à la femme sans qu'elle ait besoin, à cet effet, d'être pourvue d'une autorisation
nouvelle et spéciale.

Remarquons enfin, que l'autorisation de plaider
emporte nécessairement, pour la femme, le droit
de poursuivre l'exécution du jugement qui lui a
donné gain de cause, car il est évident qu'en l'autorisant, on a voulu lui permettre d'arriver à l'exercice effectif du droit qu'on lui contestait.

Nous arrivons maintenant au point le plus délicat
de cette matière, il s'agit de savoir si la femme autorisée simplement à plaider sur telle affaire ou à
former telle demande est, quant à cette affaire, autorisée à suivre tous les degrès de juridiction et à
employer toutes les voies de recours que la loi met
à sa disposition.

Du reste, il est bien entendu que cette question
peut être résolue par les termes mêmes de l'autorisation, soit qu'elle ne permette de plaider qu'en
première instance, soit qu'elle réserve formellement telle ou telle juridiction, telle ou telle voie de
recours, soit enfin qu'elle ouvre expressément à la
femme toutes les voies légales devant quelque juridiction que ce soit. Dans tous ces cas, une pareille
autorisation doit être tenue pour valable, et habiliter la femme en conséquence. Il s'agit donc
uniquement de celle qui est conçue en termes généraux de celle qui ne s'explique en aucune façon sur
ces différents points.

Une autorisation de cette nature nous paraît devoir être interprétée d'une façon tout-à-fait restrictive, et nous pensons que la femme autorisée simplement à ester en justice, n'a pas pour attaquer ou soutenir en appel le jugement du tribunal de première instance, et si elle est autorisée a ester en appel, qu'elle ne l'est point par cela seul à se pourvoir en cassation, ni à défendre au pourvoi formé contre elle. Et en effet, il est conforme à la règle de la spécialité de l'autorisation que le mari, en autorisant sa femme à plaider, ait eu en vue le tribunal où l'instance devait avoir lieu et pas un autre. Sans doute, son autorisation doit comprendre les suites nécessaires au procès, mais il nous semble que nous avons fait sous ce rapport une assez large part à la femme en lui permettant de poursuivre l'exécution du jugement obtenu par elle. Mais est-ce qu'il est vrai qu'on puisse considérer comme la suite naturelle et ordinaire de tout procès l'appel ou le pourvoi en cassation? Évidemment non, car soit à cause de leur peu d'importance, soit à cause de la confiance médiocre qu'ils inspirent à l'une des parties, la plupart des procès ne dépassent jamais le premier degré de juridiction.

Il nous semble donc qu'il y a là une question d'opportunité et de convenance qui vaut la peine d'être soumise à l'appréciation du mari; et ne serait-il pas singulier de laisser, pour ainsi dire, à la femme le droit d'apprécier la sentence des premiers juges,

quand on la déclare incapable de peser la valeur de
sa cause? Et qu'on ne vienne pas soutenir que ce
raisonnement, applicable lorsque la femme interjette
appel, ne l'est plus quand elle plaide comme intimée
sur l'appel de son adversaire, car d'où lui viendrait,
en présence d'une juridiction supérieure, cette confiance assez grande dans la sentence des premiers
juges pour qu'on lui permette, dans tous les cas,
d'en affronter le contrôle. D'ailleurs, son adversaire
ne peut-il pas se présenter en appel avec des moyens
nouveaux dont la valeur est incontestable et qui
doivent nécessairement aboutir à l'infirmation du
jugement?

Mais, dit-on, pourquoi s'effrayer? Le mari ne
pourra-t-il pas toujours révoquer son autorisation
s'il la juge à propos? Mais, d'abord, sera-t-il toujours
temps de le faire? Peut-être le mari est-il absent et
ne sera-t-il informé de la marche du procès de sa
femme que lorsqu'il sera déjà engagé dans une voie
plus ou moins compromettante. De plus, l'on irait
bien loin avec une pareille objection, car l'on arri-
verait bien vite à étendre à l'infini toute espèce
d'autorisation, en disant que le mari révoquera, si
l'on en abuse, le pouvoir qu'il a conféré. D'ailleurs,
après tout, c'est trancher la question par la question.
Il est bien certain que le mari peut toujours révoquer son autorisation. Ce que nous cherchons, c'est
la limite même de l'autorisation, le point où doit
s'arrêter la capacité de la femme.

Nous n'avons parlé que de l'appel et du pourvoi en cassation. Mais il est évident qu'il faut en dire autant et a fortiori des voies de recours extraordinaires, telles que la tierce opposition et la requête civile, la prise à partie.

De plus, l'autorisation de la justice doit, au point de vue qui vient de nous occuper, être interprétée exactement comme celle du mari. Elle est soumise aux mêmes règles, et la loi n'y attache ni plus ni moins de valeur. Il n'y a donc pas à distinguer, suivant qu'elle est donnée par le tribunal principalement, ou incidemment à l'instance dont il est saisi. Enfin, il nous paraît encore hors de doute que la femme, autorisée à plaider, soit en première instance, soit en appel, et contre qui intervient un jugement ou arrêt par défaut, peut former opposition sans avoir besoin d'une nouvelle autorisation.

§ II.

De l'étendue de l'autorisation de faire le commerce, ou d'exercer une profession non commerciale.

La célérité des actes commerciaux, l'impossibilité pour la femme qui fait un commerce de se faire habiliter pour chacun des actes qu'il comporte, nécessitait à son égard une exception au principe général de la spécialité de l'autorisation maritale. Cette exception est consacrée par les art. 220 du Code civil, 5 et 7 du Code de commerce. L'autorisation de faire le commerce est certainement celle qui doit recevoir l'interprétation la plus large ; la femme marchande publique peut, en effet, en vertu de l'autorisation générale qui lui est donnée de faire le commerce : s'obliger, aliéner ses biens, les hypothéquer, et généralement faire tous les actes relatifs à son commerce, sauf cependant la poursuite d'un procès.

Cette capacité générale, que l'autorisation de faire le commerce donne à la femme mariée, soulève de nombreuses et graves difficultés dont nous allons examiner les plus importantes, sans entrer bien entendu dans l'examen approfondi de chacune d'elles.

D'abord, la femme commerçante peut s'obliger, non par des actes commerciaux, mais pour ce qui concerne son négoce. Or, ces deux formules sont fort différentes ; car un acte peut très-bien n'être pas un acte commercial (par exemple un emprunt par devant notaire), et cependant être fait valablement par la femme, s'il concerne son commerce.

Mais voici une question des plus controversées, et à bon droit, car, dans le silence de la loi, des considérations tout opposées, et ayant une certaine valeur, se pressent pour en solliciter des solutions différentes. La femme marchande publique ne peut s'obliger, hypothéquer, aliéner que pour ce qui concerne son négoce; il est donc très-important de déterminer le but de l'acte fait par elle. Eh bien, jusqu'à preuve contraire, que faut-il présumer sous ce rapport? En d'autres termes, est-ce à la femme à prouver que l'acte qu'elle a fait n'est pas relatif à son commerce, ou, au contraire, est-ce au créancier à prouver qu'il est relatif? Il faut avouer que, des différentes solutions données par les auteurs, aucune n'est pleinement satisfaisante; mais enfin, faute de mieux, nous nous rangeons à cette opinion assez généralement admise et qui admet, qu'en règle générale, la présomption est en faveur de la femme, c'est-à-dire que c'est au créancier à faire la preuve dont il s'agit, sauf cependant dans deux cas: d'abord, celui où la femme a déclaré elle-même dans l'acte qu'elle consent, que cet acte est relatif à son commerce; le second, celui où l'acte passé par la femme est commercial de sa nature, et fait présumer par sa forme une cause commerciale. Du reste, tout en l'admettant, nous ne nous dissimulons pas tout ce qui peut y avoir d'imparfait et de dangereux dans cette théorie, car il est facile de trouver telles hypothèses où les tiers seront victimes de la règle, telle autre où la femme abusera des exceptions. Mais malgré tous ces inconvénients, c'est encore le système le plus rationnel, le plus conforme aux principes et celui qui, en définitive, présente le moins d'inconvénients pratiques. Un seul système paraîtrait peut-être offrir quelques avantages à ce dernier point de vue, c'est celui qui consisterait à permettre aux juges de chaque procès d'apprécier la bonne foi et la prudence des tiers, la nature et l'importance de l'opération, la situation où se trouvait la femme, et l'extension plus ou moins grande de son commerce. Mais il ne serait pas véritablement conforme à l'esprit de notre législation de conférer aux juges un pouvoir aussi étendu. Ce serait là un moyen commode pour le législateur et pour l'interprète, de se décharger ainsi des difficultés qui l'embarrassent en remettant aux juges le soin de les trancher.

L'autorisation donnée à la femme peut être conçue dans des termes si généraux qu'elle ne désigne même pas le genre d'industrie que la femme doit exercer? Quels sont dès lors les actes qu'elle pourra faire seule et sans autorisation? Si la femme, en vertu de l'autorisation générale qui lui est donnée, se met à exercer une branche spéciale de commerce, par cela même l'autorisation se spécialise et cette branche de commerce constitue désormais le seul négoce pour lequel elle puisse s'obliger. Mais si la femme, en vertu de l'autorisation expresse ou tacite de son mari, fait çà et là des actes de commerce de toutes sortes, elle sera valablement obligée par ces actes, car ils sont censés compris dans l'autorisation qu'elle a reçue. Il nous paraît du reste utile d'ajouter que l'art. 220 ne s'appliquerait plus, si la femme avait été spécialement autorisée à faire le commerce; car elle ne deviendrait point marchande publique en vertu d'une pareille autorisation.

Remarquons enfin, que l'autorisation donnée à la femme d'exercer une profession quelconque, non commerciale, emporte aussi pour elle le droit de faire seule tous les actes nécessairement relatifs à l'exercice de cette profession.

Il en est ainsi, par exemple, de l'autorisation accordée à une femme par son mari d'être maîtresse de chant ou professeur de musique. Un arrêt de la cour de Paris, 3 juillet 1857, contient à l'égard d'une telle autorisation une proposition qu'il nous est impossible d'accepter. D'après cet arrêt, l'organisation d'un concert rentre dans la profession de maîtresse de chant, et peut être entreprise sans nouvelle autorisation, alors même que le concert est donné sous forme de spectacle public.

C'est là à notre avis une interprétation trop large de l'autorisation, et un acte de cette nature nous parait soulever une question de moralité et de convenance, sur laquelle l'attention du mari doit être nécessairement appelée.

CHAPITRE VIII.

Des effets du défaut d'autorisation.

Toutes les règles que nous avons exposées dans les chapitres précédents, trouvent leur sanction dans la nullité des actes passés par la femme mariée sans autorisation de son mari, ou de justice lorsque cette autorisation était nécessaire.

Cette nullité ne présente plus, sous l'empire du Code civil, le caractère qu'elle avait dans l'ancien droit, ou elle pouvait être invoquée par tous ceux qui avaient intérêt à s'en prévaloir sans qu'elle fut susceptible de se couvrir. Nous verrons, en effet, qu'aujourd'hui elle n'est plus que relative, car elle ne peut plus être invoquée que par certaines personnes déterminées, qu'elle est de plus susceptible de se couvrir par la confirmation expresse ou tacite. Ces notions générales, une fois posées, arrivons aux détails mêmes de cette matière.

§ 1.

Personnes qui peuvent invoquer la nullité résultant du défaut d'autorisation.

Nous venons de dire que la nullité résultant du défaut d'autorisation n'était plus absolue, et qu'elle

ne pouvait être invoquée que par certaines personnes déterminées et non par tous ceux qui peuvent avoir intérêt à s'en prévaloir. Le principe à cet
égard se trouve contenu dans les art. 225 et 1125 du
Code civil qui sont ainsi conçus : Art. 225. La nullité fondée sur le défaut d'autorisation ne peut être
opposée que par la femme, le mari ou ses héritiers.
Art. 1125. Les personnes capables de s'engager ne
peuvent opposer l'incapacité de la femme avec qui
ils ont contracté. Occupons-nous donc tout d'abord
des différentes personnes qui peuvent invoquer cette
nullité.

Elle peut être invoquée, dit l'art. 225, par la
femme elle-même ; c'est le droit commun, tout
incapable peut se prévaloir de sa propre incapacité.
Du reste, le droit pour la femme d'invoquer ainsi la
nullité de l'acte qu'elle a passé sans autorisation, se
comprend parfaitement dans le système qui fonde
son incapacité, non pas seulement sur le respect de
la puissance maritale, mais encore sur l'agitation
des intérêts patrimoniaux eux-mêmes qui, certainement, l'intéressent au premier chef. Mais ce droit
ne peut s'expliquer dans l'opinion de ceux qui pen-
sent que l'incapacité de la femme mariée n'a d'autre
fondement que l'intérêt seul de la puissance
maritale. Aussi, avons-nous vu que l'art. 225 était
précisément le principal argument sur lequel on se
fondait pour repousser cette opinion.

Arrivons maintenant à la seconde des personnes

qui peuvent invoquer la nullité, c'est-à-dire au mari
lui-même. Son autorisation a été méconnue, mais
elle ne le sera pas impunément ; car il a pouvoir
faire tomber sous son action en nullité l'acte que sa
femme a passé sans son autorisation et sans celle
de la justice.

Mais cet intérêt moral que nous reconnaissons au
mari d'attaquer l'acte ainsi fait par sa femme est-il
le seul, le mari n'a-t-il pas en outre un intérêt pécuniaire qui lui est propre et individuel ? Les termes
mêmes de l'art. 225 semblent bien le faire supposer
puisque cet art. déclare que l'action en nullité passe
aux héritiers du mari. Or, ses héritiers ne peuvent
exercer cette action que si elle trouve sa base dans
un intérêt pécuniaire, car ils ne peuvent représenter
le mari qu'à ce point de vue et non sous le rapport
de son intérêt moral ni sous celui de ses intérêts matrimoniaux.

Mais il est fort difficile de trouver un cas où le
mari ait effectivement un intérêt de cette nature à
se prévaloir de la nullité qui nous occupe. M. Marcadé a pensé le rencontrer dans l'hypothèse où la
femme commune a renoncé à une succession mobilière qui devait tomber dans la communauté, mais
on peut jusqu'à un certain point contester la valeur
de cet exemple. Aussi, certains auteurs désespérant
de trouver un cas où l'action en nullité put effectivement présenter ce caractère, ont-ils prétendu que
jamais elle ne saurait être exercée par les héritiers

du mari et qu'à leur égard, les termes de l'art. 225 n'étaient qu'une lettre morte et une erreur de rédaction. Nous n'irons pas jusque là, cet intérêt pécuniaire peut être rare mais il faut bien admettre que s'il existe, les héritiers du mari comme les héritiers de la femme elle même, ayant alors l'intérêt qui est la base de toute action pourront intenter, comme l'aurait pu le mari lui-même, l'action en nullité pour défaut d'autorisation.

Quant aux héritiers de la femme, leur droit est bien simple et ils peuvent évidemment exercer l'action en nullité pour défaut d'autorisation, car ils la prennent dans la succession de la femme, comme ils y prennent tous les biens qui s'y trouvent compris.

Nous venons de voir que la femme, le mari et leurs héritiers peuvent aux termes de l'art. 225 intenter l'action en nullité pour défaut d'autorisation. Nous avons maintenant à rechercher si ce droit ne peut pas appartenir à d'autres personnes encore.

Que décider relativement aux créanciers de la femme et à ceux du mari? Il est vrai que l'art. 225 ne les désigne pas parmi les personnes qui ont effectivement le droit d'intenter l'action en nullité pour défaut d'autorisation, mais est-ce que ce droit ne résulte pas pour eux du droit commun lui-même. Tous les biens du débiteur ne sont ils pas le gage de ses créanciers, et ceux-ci ne peuvent-ils pas exercer tous les droits qui lui appartiennent à l'excep-

tion bien entendu de ceux qui sont spécialement
attachés à sa personne. Or, il est impossible de soutenir, relativement à la femme du moins, que l'action
en nullité est un droit qui lui soit exclusivement
personnel. Quant aux créanciers du mari, nous re-
produisons ici la même observation que nous avons
déjà faite au sujet de ses héritiers : Sans doute, le
plus souvent l'action en nullité qui appartient au
mari n'aura point d'autre base que la sauvegarde
des intérêts matrimoniaux, et dans ce cas nous
devrons évidemment la considérer comme un droit
personnel spécialement attaché à la personne du
mari, et ne pouvant pas par conséquent être exercé
par ses créanciers; mais s'il se rencontre un cas ou
cette action trouve vraiment sa base dans un intérêt
pécuniaire, tenons pour certain que dans ce cas, les
créanciers du mari pourront l'exercer comme ses
héritiers eux-mêmes.

Mais on se récrie et l'on invoque la question de
conscience qui ne permet pas à la femme d'invoquer
l'action en nullité, question dont ses créanciers ne
doivent pas être juges. Cette objection n'est point
concluante, car c'est aussi une question de conscience que d'invoquer la prescription, et cependant
aux termes de l'art. 2225, les créanciers ont parfaitement le droit de l'opposer contrairement à la volonté de leur débiteur.

En dehors des personnes que nous venons de
nommer, personne ne saurait se prévaloir de l'ac-

tion en nullité pour défaut d'autorisation, mais comme il peut s'élever à cet égard quelques difficultés, il est bon d'entrer ici dans quelques développements.

Et d'abord la question ne saurait être douteuse relativement à la personne qui s'est portée caution d'une obligation contractée par la femme sans autorisation. Elle ne saurait invoquer la nullité résultant du défaut d'autorisation, car soutenir le contraire serait évidemment violer le texte même des art. 2012 et 2022, qui déclare parfaitement valable le cautionnement d'une obligation qui, cependant, peut être annulée par suite d'une exception purement personnelle à l'obligé, ce qui se présente précisément dans l'hypothèse qui nous occupe.

Remarquons cependant que si la caution a été induite en erreur, si elle n'a ignoré l'incapacité qui frappait la femme, que par suite des manœuvres frauduleuses, des rétic ences coupables du créancier à son égard, elle pourra se prévaloir de la nullité ; mais c'est là, comme on le voit, une question de fait à apprécier d'après les circonstances. Et, maintenant, examinons l'un des points les plus controversés de cette matière : il s'agit de savoir si le donateur a qualité pour invoquer la nullité d'une donation entre-vifs qu'il a faite à une femme mariée et qu'elle a acceptée sans autorisation. Cette question divise depuis longtemps la doctrine et la jurisprudence, sans qu'aucune des deux opinions parvienne à détacher de l'autre quelques-uns de ses partisans.

Voici comment on raisonne pour soutenir l'affirmative. Il est de principe que les actes pour lesquels la loi exige une solennité exacte, requièrent par cela même une habileté parfaite, dans toutes les personnes qui y figurent. De plus, les règles de la donation entre-vifs, dit-on, tiennent toutes à la forme de l'acte, ce que prouve bien l'intitulé même de la section sous laquelle elles se trouvent placées. Or, l'acceptation est l'une des formes les plus essentielles de la donation, d'où l'on doit conclure qu'elle ne peut réellement exister si l'acceptation n'est point régulière, et elle ne saurait être régulière si elle est faite par une femme qui n'est pas dûment autorisée. Enfin, dit-on, les donations doivent être fermes et stables et non pas irrévocables ; or, elles le seraient infailliblement dans notre hypothèse, si on ne permettait pas au donateur lui-même de se prévaloir du défaut d'autorisation. On ajoute que les art. 934, 938, 942 et 1339 du Code civil, confirment pleinement cette première opinion qui, cependant, quoique fort sérieuse, ne nous paraît cependant pas admissible.

Et d'abord, les principes qu'on invoque pour la soutenir sont en eux-mêmes parfaitement contestables. Et, en effet, dire que les actes pour lesquels la loi exige une solennité exacte, requièrent par cela même une habileté parfaite chez toutes les personnes qui y figurent, c'est évidemment avancer un argument qui ne prouve absolument rien, car il prouve précisément trop. Car, s'il était admis, il faudrait évidemment reconnaître que si le débiteur d'une femme mariée lui consent une hypothèque conventionnelle sans autorisation, comme la constitution de l'hypothèque requiert une solennité exacte, la nullité de cette hypothèque pourrait être invoquée par le débiteur lui-même, ce que personne ne consentira jamais à admettre.

De plus, c'est évidemment confondre une question de capacité avec une question de forme, que de soutenir qu'il y a vraiment un défaut de forme dans l'acceptation d'une donation par une femme non autorisée. Quant au principe de l'irrévocabilité, spécialement établi par la loi en matière de donations entre-vifs, disons avec MM. Aubry et Rhau (qui, cependant, soutiennent l'opinion de la nullité) qu'il n'a vraiment rien à faire ici, car il concerne bien moins le donataire que le donateur lui-même. Et maintenant, il ne nous reste plus qu'à réfuter les arguments de texte que la première opinion veut tirer des art. 934, 938, 942 et 1339, mais ils ne vont pas nous arrêter longtemps, car ils exagèrent tous la portée du texte de la loi pour le mettre en contradiction avec son esprit. Et en effet, de ce que la femme ne peut accepter une donation (art. 934), de ce que la donation dûment acceptée est parfaite par le seul consentement des parties (art. 938), on ne peut véritablement pas conclure que le donateur ait le droit d'opposer lui-même la nullité de l'acceptation. La donation acceptée par une femme non autorisée est imparfaite, oui ; mais pourquoi appartiendrait-il à un autre qu'à elle-même ou à son mari de se prévaloir de cette imperfection, plutôt que de celle de tout autre acte également passé sans autorisation ? Il est vrai que dans son rapport au tribunal, M. Jaubert a bien dit : « que l'acceptation qui ne lierait pas le donataire ne saurait engager le donateur, » mais nous, nous n'avons pas grande confiance dans l'opinion personnelle d'un tribun, si nette et si précise qu'elle paraisse d'ailleurs, lorsque cette opinion n'a laissé aucune espèce de trace dans la loi. Tenons donc pour certain, ce qui nous parait bien résulter de l'argumentation que nous venons de formuler, que ni les textes, ni les principes généraux du Code Napoléon sur la matière des donations, n'autorisent au profit du donateur une exception à cette règle, posée par l'art. 225, que la nullité résultant du défaut d'autorisation ne peut être réellement invoquée que par la femme, par le mari et par ses héritiers.

Enfin, malgré les termes de l'art. 1125, qui ne privent expressément du droit d'invoquer la nullité que ceux qui ont contracté avec la femme, il faut dire, qu'elle ne peut pas être opposée non plus par des tiers non contractants, car l'incapacité de la femme mariée n'a pas été établie dans l'intérêt de ces derniers, et l'art. 225 ne distingue pas. Par exemple, le tiers détenteur d'un immeuble hypothéqué par la femme sans autorisation n'a point qualité pour demander la nullité de l'hypothèque.

§ II

De la situation faite aux tiers qui ont traité avec la femme.

La nullité du défaut d'autorisation n'étant que relative, il en résulte que les tiers qui ont contracté avec la femme se trouvent engagés envers elle aussi fortement que si elle était une personne véritablement capable, tandis que le maintien ou l'anéantissement du contrat est en définitive livré à sa discrétion et à son caprice. Cette inégalité de position se présente encore, alors même que l'annulation du contrat a été prononcée, car le tiers est tenu de remettre à la femme tout ce qu'elle a payé ou rémis, tandis qu'elle ne doit elle-même restituer, non pas tout ce qu'elle a reçu, mais tout ce qui a tourné à son profit, tout ce dont elle s'est enrichie. Art. 1241 et 1312.

Cette inégalité dans les positions respectives à fait demander si le tiers qui a ainsi traité avec une femme qui n'était pas autorisée, peut refuser l'exécution du contrat lorsque la femme la demande sans autorisation, ou tout au moins demander des garanties qui puissent sauvegarder ses droits si plutard la femme vient à invoquer la nullité.

L'affirmative ne saurait être douteuse ; remarquons en effet, que le tiers n'invoque point la nullité du contrat (droit que nous lui avons refusé) mais qu'il offre à la femme de faire un choix entre la nullité et par conséquent l'inexécution, ou au contraire la ratification, et par conséquent la validité complète du contrat. Rien de plus juste en effet, qu'une pareille prétention et nous ne voyons aucun texte sur lequel on puisse se fonder pour la repousser. Du reste, si l'exécution du contrat est demandée par la femme, soit avec l'autorisation du mari, soit après la dissolution du mariage, il est évident que le tiers n'aura point à élever une pareille prétention, puisqu'il n'aura plus à craindre désormais que la femme intente plus tard contre lui l'action en nullité.

Autre question. Le tiers a exécuté, mais connaissant le danger qui le menace si la femme vient à invoquer plus tard la nullité, il veut le prévenir. Dans ce cas, pourra-t-il intenter une action contre la femme, son mari ou leurs représentants, pour les mettre en demeure de prendre un parti et de choisir dès à présent entre la nullité et la validité ? Nous ne le pensons pas, car s'il est vrai de dire que les actions provocatoires et *ad futurum* ne sont pas tout à fait interdites dans notre Droit, il faut bien cependant reconnaître qu'elles n'y sont admises que dans des cas exceptionnels, et nous ne croyons pas qu'elles puissent l'être dans notre hypothèse. Il nous paraît, en effet, contraire à la loi que le tiers puisse ainsi mettre la femme en demeure, soit de ratifier, soit d'intenter immédiatement son action en nullité. Ce serait, en effet, faire véritablement bon marché de l'art. 1304, qui veut que la femme ait dix ans, à partir de la dissolution du mariage, pour intenter son action en nullité, ce qui ne paraît point permettre que le créancier puisse la priver de ce délai.

§ III.

Dans quels cas il n'y a pas nullité malgré le défaut d'autorisation.

En principe, tout acte passé par la femme sans autorisation lorsqu'elle était requise, se trouve entaché de nullité, mais cette nullité ne pourra pas être demandée dans les hypothèses suivantes.

La femme s'est servie de manœuvres frauduleuses pour amener le tiers à contracter avec elle sans autorisation. Par exemple, elle lui a présenté un faux acte d'autorisation, ou bien un faux acte de décès de son mari, ou bien encore elle s'est attribuée un nom qui n'était pas le sien. Elle ne peut plus alors être admise à se prévaloir de la nullité pour défaut d'autorisation, car elle a commis un dol qui élève contre elle; comme dit M. Demolombe, une fin de non-recevoir. Le tiers a éprouvé un dommage, et la réparation la plus exacte du dommage est précisément le maintien du contrat lui-même.

Du reste, malgré les manœuvres frauduleuses de sa femme, et s'il n'y a point pris part, bien entendu, le mari est parfaitement en droit de faire déclarer la nullité de l'acte qu'elle a ainsi passé au mépris de son autorité. Il le pourrait, non-seulement au point de vue de l'intérêt de la puissance maritale qui a été violée, mais encore au point de vue des intérêts matrimoniaux, s'il arrive qu'il soit avantageux de faire rescinder le contrat, tout en payant des dommages et intérêts.

Remarquons, du reste, qu'il faut véritablement que la femme ait pratiqué des manœuvres frauduleuses pour qu'elle ne puisse pas se prévaloir de la nullité pour défaut d'autorisation, et qu'on ne pourrait véritablement pas la considérer comme telle si elle n'avait fait simplement que se présenter comme fille ou comme veuve; car c'est aux tiers à s'assurer de la capacité de la femme avec qui ils contractent, et si celle-ci ne doit pas être coupable de dol, ils ne doivent pas eux non plus être coupables de négligence, car autrement ils devraient en supporter les conséquences.

Mais que décider, si la femme n'étant point coupable de dol, n'ayant point commis à leur égard de manœuvres frauduleuses, les tiers sont tombés dans une erreur commune? La femme passait pour veuve dans le pays, on la croyait fille, et ils ont traité avec elle! Dans ce cas, pourront-ils se voir opposer l'action en nullité pour défaut d'autorisation? A cette question, certains auteurs répondent d'une manière absolue que l'erreur des créanciers doit toujours être une erreur invincible. D'autres soutiennent, au contraire, en invoquant le principe tiré de la fameuse loi Barbarius Philippus, liv. III, an. Dioz. de off. Præ. : *Error communis facit jus*, qu'il suffira toujours que l'erreur soit une erreur commune. Quant à nous, ni l'une ni l'autre de ces deux opinions absolues, et la meilleure formule nous paraît être que l'erreur doit être excusable. Il y aurait donc là, d'après nous, une question de fait que les tribunaux devront apprécier d'après les circonstances.

§ IV

Comment peut se couvrir la nullité résultant du défaut d'autorisation.

L'obligation contractée par une femme sans autorisation, et par là même entachée de nullité, peut

cependant être confirmée ou ratifiée et acquérir par
là, la force d'une obligation qui serait valable dès
l'origine ; art. 1338 2° ali. Nous avons vu qu'il n'en
était pas de même dans l'ancien droit où la nullité
résultant du défaut d'autorisation ne pouvait pas
être couverte. Il est vrai que nos anciens auteurs
parlent souvent de ratification faite par la femme,
mais il n'y avait là véritablement qu'un contrat
nouveau, qui par conséquent ne produisait point
d'effet rétroactif à la différence de la ratification
proprement dite.

La nullité résultant du défaut d'autorisation peut
se couvrir de deux manières : Soit par la ratification
expresse, soit par la ratification tacite. Art. 1338 et
1304.

La ratification expresse peut être faite soit pendant le mariage, soit après sa dissolution. Pendant
le mariage, elle peut naturellement émaner soit du
mari, soit de la femme ; mais remarquons que la
ratification produira des effets bien différents, suivant qu'elle émanera des deux époux à la fois, ou
bien seulement du mari, ou bien de la femme. Dans
le premier cas en effet, l'acte devient valable à l'é-
gard de tous, puisqu'il est complétement purgé du
vice qui l'infectait. Au contraire, si la ratification
n'émane que du mari seul, elle ne produira point
d'effet vis-à-vis de la femme, du moins dans l'opinion
que nous avons admise, car c'est là un point des plus
controversés.

Enfin, nous avons également reconnu que lorsqu'elle émanait de la femme, elle devait produire ou des effets complétement nuls, ou des effets absolus. Et en effet, si la ratification n'émane point de la femme dûment autorisée, elle ne peut pas produire aucune espèce d'effet, car la même incapacité qui s'oppose à la validité de l'acte, s'oppose également à la validité de la confirmation. Mais lorsque elle émane de la femme autorisée par son mari, elle produit alors des effets absolus et elle devient valable *erga omnes*.

Enfin la ratification peut être postérieure au mariage, et dans ce cas elle peut être donnée par la femme seule ou par ses héritiers, ou par le mari ou ses héritiers, mais elle ne saurait alors produire d'effets que relativement aux personnes mêmes dont elle émane.

Quant à la ratification tacite, elle peut résulter soit de l'exécution volontaire (art. 1338, al. 2,) soit de l'expiration du délai de dix ans (art. 1304.) Du reste, il faut reproduire ici les mêmes distinctions que nous avons établies au sujet de la ratification expresse. L'exécution produira donc des effets différents suivant qu'elle sera faite par la femme seule, par la femme autorisée, ou enfin par le mari seul, et selon qu'elle aura lieu pendant ou après le mariage.

Quant à l'expiration du délai de dix ans, elle emporte également extinction de l'action en nullité, et le point de départ de ce délai de 10 ans, c'est le jour de la dissolution du mariage, du moins en ce qui concerne la femme, car en ce qui touche le mari, nous ne voyons point de raison décisive de suspendre quant à lui la prescription pendant toute la durée du mariage. Il est parfaitement libre d'agir sans le concours de sa femme, il n'a rien à craindre, puis qu'il use de son droit et qu'il n'a rien à se reprocher ; la prescription doit donc s'accomplir quant à lui d'après les règles ordinaires. Donc, son action sera éteinte s'il ne l'a pas exercée à partir du jour où il a eu connaissance de l'acte passé par sa femme.

Nous avons dit en commençant que la ratification produit un effet rétroactif. Le contrat conserve donc sa force du jour de sa date et non du jour de sa confirmation.

Du reste, quoique rétroactive, la ratification ne saurait nuire aux droits des tiers, art. 1338, 3e alin. ; et l'on entend par tiers précisément ceux auxquels la femme a cédé son action en nullité, soit expressément, soit tacitement, c'est-à-dire en leur consentant antérieurement à la ratification des droits de propriété, de servitude ou d'hypothèque incompatibles avec ceux qui résulteraient de l'acte ratifié. Mais remarquons qu'on ne devrait point considérer comme tiers les simples créanciers chirographaires qui prétendraient exercer l'action en nullité, aux termes de l'art. 1166. La ratification qui est intervenue peut, en effet, leur être opposée, pourvu qu'elle n'ait pas eu lieu en fraude de leurs droits, car ils seraient alors protégés par l'art. 1167.

Il ne nous reste plus maintenant qu'à faire une observation générale ; c'est que l'incapacité constitue, pour la femme mariée, un statut personnel. D'où il résulte qu'elle la suit, même en pays étranger, et que le changement de nationalité la soustrait seul à l'empire de ce statut (art. 3, alin. 3ᵉ). Ainsi, la femme française ne pourra pas, en payś étranger, passer valablement, sans autorisation, les actes pour lesquels elle doit être autorisée en France. Et, à l'inverse, la femme étrangére, quoique non autorisée, peut ester en jugement ou contracter en France, si l'autorisation maritale n'est pas requise pour la validité de ces actes, en vertu des lois de son pays. (Arg., art. 3, al. 3ᵉ).

DROIT ROMAIN.

—

I. — Il faut concilier la loi 5 et la L. 32. § 2. *au Dig. ad Senat.-cons. Velleianum*, en admettant que Pomponius, dans ce dernier texte, suppose une intercession préexistante.

II. — La femme ne peut plus opposer le Sénatus-consulte Velléien dès qu'elle a reçu quelque chose pour intercéder, sans distinguer si elle a reçu peu ou beaucoup.

III. — La femme ne peut jamais renoncer au Sénatus-consulte Velléien.

V. — L'action restitutoire donnée au créancier ne présuppose pas une *in integrum restitutio* qui aurait été préalablement accordée par application de la *clausula generalis*.

VI. — Le créancier n'a pas besoin d'action restitutoire contre les tiers détenteurs des objets hypothéqués par l'ancien débiteur, car l'ancienne action hypothécaire n'a pas cessé de subsister.

VII. — Le Sénatus-consulte Velléien ne permet pas que la femme soit obligée même naturellement.

IX. — L'authentique *si qua mulier* ne s'applique pas aux actes qui ne sont considérés comme intercessions que s'il y a mauvaise foi du créancier.

X. — La renonciation que ferait la femme au bénéfice de l'authentique *si qua mulier*, ne saurait avoir pour effet de rendre valable son intercession pour son mari.

DROIT FRANÇAIS.

—

Droit civil.

—

XI. — L'autorisation est nécessaire à la femme pour ester en jugement, alors même qu'elle demande la nullité de son propre mariage.

XII. — La femme mariée n'a pas besoin d'autorisation, lorsqu'elle est poursuivie par la partie civile seulement, il est vrai, mais devant le tribunal de police correctionnelle ou de simple police.

XIII. — La femme mariée n'a pas besoin d'être autorisée pour accepter dans le cas prévu par l'art. 935, la donation entre-vifs faite à ses enfants ou petits-enfants.

XIV. — La femme séparée de biens peut sans aucune autorisation, acquérir des immeubles, si cette acquisition n'a lieu que pour le placement de fonds actuellement disponibles.

XV. — La femme séparée de biens ne peut pas sans autorisation, s'obliger jusqu'à concurrence de son mobilier pour une cause étrangère à l'administration de ses biens.

XVI. — Elle ne peut aliéner son mobilier, qu'autant que l'aliénation qu'elle en ferait, se trouve exigée par les besoins de son administration.

XVII. — L'autorisation tacite peut s'induire d'autres circonstances que du concours du mari dans l'acte.

XVIII. — Le principe de la spécialité de l'autorisation, s'oppose à ce que la femme puisse donner à son mari lui-même un mandat général et illimité, à l'effet d'aliéner ou hypothéquer ses immeubles, ainsi que l'obliger indéfiniment.

XIX. — Mais il ne s'oppose pas à ce que le mari donne à sa femme le mandat de l'obliger indéfiniment, d'aliéner et d'hypothéquer soit ses immeubles, soit ceux de la communauté.

XX. — L'autorisation du mari ne saurait être postérieure. En d'autres termes, la ratification donnée par le mari seul ne couvre la nullité qu'à son égard, et non à l'égard de sa femme.

XXI. — La Justice peut, selon les circonstances, autoriser la femme, alors même que le mari est non présent.

XXII. — L'autorisation de la justice est nécessaire à la femme, lorsque le mari est pourvu d'un conseil judiciaire, dans le cas où l'acte que la femme doit faire est un de ceux pour lesquels l'assistance de son conseil est nécessaire au mari.

XXIII. — L'autorisation générale de plaider n'est valable que pour la première instance, elle n'emporte donc pas celle d'appeler, ou de se pourvoir eu cassation, ou de faire valoir ses droits par aucune autre voie extraordinaire.

XXIV. — L'autorisation du mari suffit pour habiliter la femme, soit à contracter avec lui directement, soit à s'obliger envers un tiers dans l'intérêt du mari lui-même.

XXV. — L'action en nullité, qui appartient au mari et à la femme, pour cause de défaut d'autorisation, peut être exercée par leurs créanciers.

XXVI. — Le donateur n'a point qualité pour se prévaloir de la nullité de la donation entre vifs, acceptée par la femme sans autorisation.

XXVII. — Le tiers qui a contracté avec la femme non autorisée peut refuser d'exécuter son obligation, si la femme ne lui fournit pas la ratification du mari et la sienne propre ou des garanties suffisantes contre l'exercice de l'action en nullité.

PROCÉDURE

—

XXVIII. — L'autorisation pour la femme de plaider comme demanderesse en appel ou en cassation, doit être accordée par la Cour impériale, ou la Cour de cassation et non par le tribunal de première instance.

XXX. — La procédure en matière d'autorisation maritale, doit toute entière se passer dans la chambre du Conseil, y compris les conclusions du ministère public et les jugements ou arrêts.

DROIT COMMERCIAL

—

XXXI. — La justice ne peut, en aucun cas, autoriser la femme à faire le commerce, ni à le continuer lorsque le mari révoque l'autorisation qu'il avait donnée d'abord à cet effet.

XXXII.—Les actes faits par la femme marchande publique ne sont pas présumés relatifs à son commerce, à moins qu'ils ne contiennent une mention conforme, ou que leur forme ne soit essentiellement commerciale.

Droit criminel.

XXXIII. — Bien que la dégradation civile soit une peine infâmante, elle n'entraîne cependant pas pour le mari déchéance du droit d'autorité maritale.

L'accusé d'un meurtre, ayant été acquitté, ne peut pas être poursuivi pour cause d'homicide par imprudence résultant du même fait.

L'histoire du Droit.

II. — A l'époque franque, ce n'était pas la totalité des hommes libres de la localité, qui sous le nom de Rachinbourgs, jugeaient dans le *Mallum*.

Les établissements de saint Louis sont l'œuvre prise d'un jurisconsulte et non l'œuvre officielle d'un législateur.

Droit des Gens.

Malgré le principe de l'inviolabilité qui couvre l'hôtel de l'ambassadeur étranger, et par cela même que le droit d'asile n'existe plus aujourd'hui, la police a le droit, tout en prenant les précautions que les convenances commandent, de faire des perquisitions dans l'hôtel de l'ambassade, afin d'y rechercher le criminel qui s'y serait réfugié.

Dans l'affaire du Traint et de la prise de Messieurs Massol et Slider à bord d'un navire anglais sortant du port de la Havane, le capitaine américain a violé ce double principe : que la visite ne s'opère pas par l'abordage du navire, mais bien par l'examen des papiers de bord, et qu'il ne peut y avoir de neutre à neutre, de contrebande de guerre.

Vu par le Président,

A. RATAUD.

Vu par nous inspecteur génér il,

Ch. GIRAUD.

Vu et permis d'imprimer, le vice-recteur de l'Académie de Paris,

A. MOURIER.

Saint-Quentin. — Typ. Hourdequin et Thiroux.

Saint-Quentin. — Typ. Hourdequin et Thiroux.